AF291448

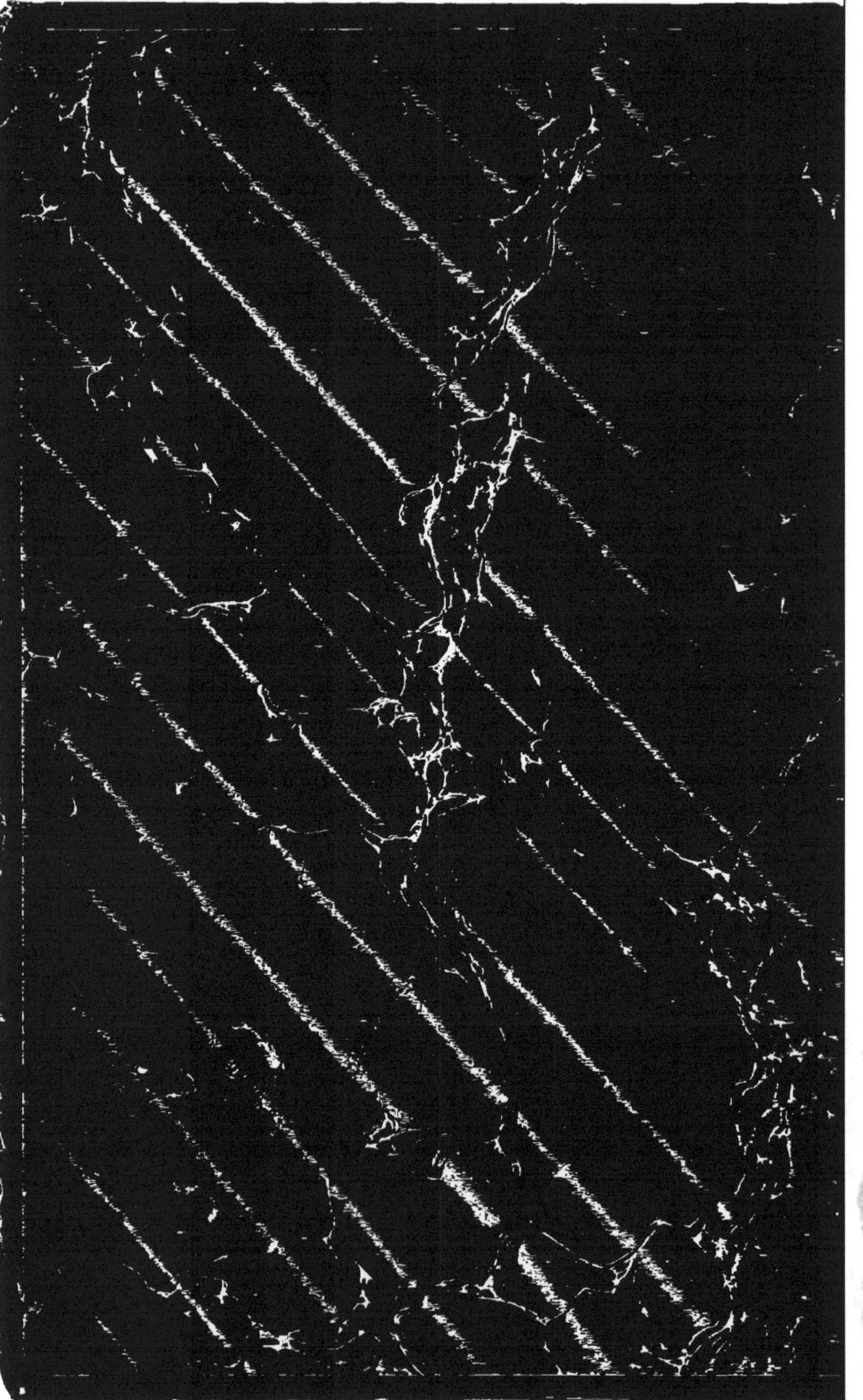

# MADAME

# DESBORDES-VALMORE

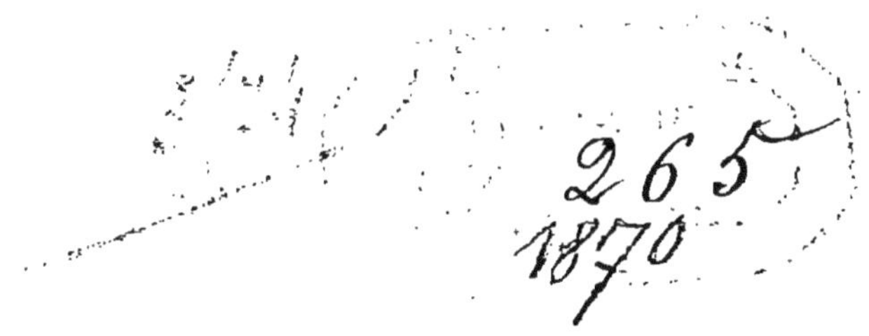

# MADAME
# DESBORDES-VALMORE

## SA VIE ET SA CORRESPONDANCE

PAR

## C.-A. SAINTE-BEUVE

DE L'ACADÉMIE FRANÇAISE

PARIS

**MICHEL LÉVY FRÈRES, ÉDITEURS**

RUE VIVIENNE, 2 BIS, ET BOULEVARD DES ITALIENS, 15

A LA LIBRAIRIE NOUVELLE

—

1870

Droits de traduction et de reproduction réservés.

# MADAME

# DESBORDES-VALMORE

---

## I

Les Anglais ont une manière excellente de payer un dernier tribut à leurs grands ou à leurs aimables poëtes : c'est de recueillir et de publier de chacun, au lendemain de sa mort, un choix de textes, de documents familiers, de lettres écrites où reçues ; il en ressort une ressemblance vraie et définitive. C'est ainsi que la sœur du tendre et affectueux poëte, Félicia Hemans, a publié *Memoir of the life and writings of Mrs Hemans* (1840). L'amitié et la confiance de MM. Valmore père et fils [1] m'ont permis de jeter les yeux sur le trésor domestique tout intime, qu'ils ont pieusement

1. M. Sainte-Beuve remerciait en ces termes M. Valmore père, quand ces articles eurent cessé de paraître : « (Ce 6 mai 1869). — Cher monsieur, c'est à moi à vous remercier de m'avoir procuré l'occasion et les moyens de présenter ainsi l'*intérieur* de cette charmante et pathétique figure. Bien peu de familles auraient eu, comme vous, cette manière élevée et noble de penser et de sentir, qui met la plus grande gloire d'une personne si chère, dans l'expression la plus intime de la vérité. — Vous et votre excellent fils, vous êtes pour moi, à cet égard, des modèles, et tels que je n'en ai pas rencontré deux fois dans ma carrière de critique littéraire et de biographe. J'espère que le public vous en récompensera par l'admiration plus tendre qu'il accordera, — qu'il a déjà accordée à cette nature unique de femme-poëte. — Tout à vous de mon plus affectueux respect. SAINTE-BEUVE. »

conservé et mis en ordre, des papiers, notes et correspondance de cet autre tendre et passionné poëte, M^{me} Desbordes-Valmore, qui unissait une délicatesse morale si exquise à un don de chanter si pénétrant, ou plutôt chez qui cette sensibilité et ce don ne faisaient qu'un. Sa vie est sans doute exprimée dans ses vers; elle s'y reflète en éclairs lumineux et brûlants; elle y éclate en cris d'amour ou de douleur; mais il m'a semblé, après un premier coup d'œil sur ces autres témoignages manuscrits, qu'il y avait lieu à faire connaître plus en détail non plus le poëte, mais la femme, et qu'elle ne perdrait pas à être suivie de près dans ses traverses, dans ses labeurs de chaque jour, et jusque dans les plus touchantes misères de la réalité.

Je ne saurais ici que donner l'idée du livre qui serait à faire et en présenter un raccourci ; mais je me figure que le tableau de cette existence si délicate, si généreuse et si combattue, pourrait être d'un véritable intérêt et d'une consolation efficace pour bien des âmes également éprouvées, à qui le sort n'a cessé d'être inclément et dur. Ce serait un manuel à l'usage de tous les cœurs d'artiste, surtout des cœurs de femmes tendres et fiers, vaillants à la peine, souffrant sans merci et saignant jusqu'à la fin, sans jamais désespérer.

Marceline-Félicité-Josèphe Desbordes, qui est morte à Paris le 23 juillet 1859, était née à Douai le 20 juin 1786, au n° 32 de la rue Notre-Dame (aujourd'hui rue de Valenciennes, 36). Son père était peintre de blason.

Le frère de son père, Constant Desbordes, fut, dans toute l'acception du mot, un bon peintre de portraits, ami de Gérard, estimé de M. de Forbin. Il eut du succès dans les Expositions. Un portrait qu'il avait fait de son frère a été donné par M^{me} Valmore au musée de sa ville natale. De grands-oncles de ce nom de Desbordes, riches libraires établis en Hollande et restés protestants, proposèrent, à ce qu'il paraît, à leurs parents de Douai de les faire entrer dans leur succession, si les enfants étaient rendus à la religion protestante, qui était celle des aïeux avant la révocation de l'édit de Nantes. On refusa. Une grande piété catholique régnait dans l'humble maison de la rue Notre-Dame. La famille était assez nombreuse : trois filles et un fils. Les sou-

venirs de cette première vie d'enfance se re-
produiront plus loin sous la plume de la jeune
Marceline, née la dernière et la mieux douée.
Il lui était resté comme une image dorée de
son berceau, de la beauté et des tendresses de
sa mère, des soins de sa sœur aînée, et de ce
premier bonheur de famille trop tôt brisé. La
Révolution avait réduit à néant, comme l'on
peut croire, le métier d'un peintre en armoi-
ries : il fallut pourvoir autrement à la sub-
sistance. Parmi les souvenirs lointains que
s'efforçait plus tard de ressaisir M<sup>me</sup> Valmore,
il en était qui évidemment se confondaient
pour elle avec la réminiscence; et qui dans
leur vague formaient une sorte de légende. Je
lui laisserai la douceur et la grâce de les exprimer : la critique exacte aurait à y apporter

des correctifs, ou à exiger du moins des explications. Ce qui n'est pas douteux, c'est que,
vers 1799, la jeune Marceline accompagna
sa mère à la Guadeloupe, où elles comptaient
retrouver un parent qui y avait fait fortune.
Mais, à leur arrivée, la colonie était en révolte
et en feu, la fièvre jaune sévissait, le parent
était mort, et la mère de M^{lle} Desbordes mourut
elle-même, atteinte du fléau. La jeune fille
fut recueillie par la femme d'un armateur de
Nantes, dont le nom s'est conservé, M^{me} Gue-
don. Le mari lui obtint le passage sur un
bâtiment qui partait pour la France. Ce qu'on
a raconté de Joseph Vernet se renouvela pour
elle dans la traversée, sans qu'elle crût imiter
personne. Une tempête violente ayant assailli
le navire, on ne put la déterminer à descendre

dans l'entre-pont. Les matelots qui l'avaient prise en affection l'attachèrent dans les haubans: de là, elle assista à la lutte. Sous sa frêle enveloppe de quatorze ans, sa nature d'artiste se révélait. Par son courage et sa modestie comme par sa situation, elle avait intéressé tout le monde à bord, excepté le capitaine, homme grossier, qu'elle intéressa trop dans un autre sens et qui, n'ayant pu en venir à ses fins, ne vit rien de mieux que de la rançonner. En la débarquant à Dunkerque, il retint à l'orpheline l'indigente petite malle qui contenait son peu d'effets, sous prétexte de se payer des menus frais de la traversée que la pauvre enfant ne pouvait acquitter. La vie, dès les premiers pas, s'annonçait-elle assez inique et assez cruelle! — C'est alors que, retrouvant sa famille dans le plus grand dénûment, elle se résigna, après bien des hésitations, à entrer au théâtre.

Elle commença au théâtre de Lille : elle avait tout à apprendre. A force de veilles, d'études, d'économie industrieuse et de privations, elle suffit à la tâche. Ce ne fut point sans avoir de secrètes défaillances. On raconte qu'un jour elle tomba évanouie sur son escalier après un trop long jeûne, et fut relevée par une camarade sa voisine, accourue au bruit. Elle contracta dès lors une habitude de souffrance, qui attendrit par la suite son talent, mais qui passa irrémédiablement dans tout son être.

M<sup>lle</sup> Desbordes fut ensuite engagée au théâtre des Arts de Rouen pour remplir l'emploi des *ingénuités*; elle y réussit beaucoup :

1.

elle était l'ingénuité même. N'ayant passé par aucune école ou conservatoire, elle n'avait rien de la manière ni des petites mines apprises, et se laissait aller simplement à sa nature fine et naïve. On lui reconnaissait dans le débit « une vérité d'inflexion qui rendait sa pensée transparente et les endroits comiques très-saillants ». Elle fut remarquée à Rouen par des acteurs de l'Opéra-Comique de Paris, qui y étaient venus donner quelques représentations : ils en parlèrent à Grétry à leur retour, et l'aimable maître se chargea de l'éducation musicale de M<sup>lle</sup> Desbordes. Dès qu'il l'eut vue, il lui porta un intérêt tout paternel, et, touché de sa noble physionomie tout empreinte de mélancolie, il l'appelait « un petit roi détrôné ». Sous ses auspices, elle débuta

à l'Opéra-Comique dans une pièce de lui,
dans le rôle de Lisbeth, de l'opéra du même
nom, et y fit plaisir. Peu après, M. Jars, que
nous avons connu député du Rhône, mais qui
avait commencé par la littérature légère, lui
confia le rôle de Julie dans l'opéra de *Julie ou
le Pot de fleurs*, dont la musique était de Spon-
tini. Elle avait des accents touchants, sym-
pathiques ; Martin, Gavaudan, venus à son
début pour l'entendre, avaient des pleurs
dans les yeux. Le *Journal des Débats*, dans
son feuilleton du 25 ventôse an XIII (16 mars
1805) sur la seconde représentation de *Julie
ou le Pot de fleurs*, disait d'elle beaucoup de
bien ; l'article doit être de Geoffroy :

« Les deux rôles sont parfaitement joués, disait-
il, l'officier par Elleviou, dont on connaît la vivacité

et les grâces; la nièce, par M^lle Desbordes, dont je
ne connaissais pas encore le talent. Cette débutante
m'avait échappé et ne méritait pas une pareille indifférence : après M^lle Mars, il n'y a point d'ingénuités qu'elle n'égale ou ne surpasse ; elle n'est pas
niaise comme il arrive quelquefois aux innocentes
des autres théâtres, elle n'est que franche et naïve ;
l'accent juste, vrai, une excellente tenue, beaucoup
d'aisance, de simplicité, de naturel ; que de bonnes
qualités presque enfouies à ce théâtre! car M^lle Desbordes joue et débite très-bien, mais elle ne chante
pas ; elle n'a point de voix : il faudra que les mu-
siciens renoncent, en sa faveur, à leur science, à
leur harmonie; que l'orchestre s'humilie et s'anéan-
tisse : on lui composera exprès des demi-vaudevilles
qui seront bien plus agréables que ces grands airs,
aussi fatigants pour les auditeurs que pour les can-
tatrices. »


Elle possédait toutes les qualités distinguées et fines; mais, à lire cet éloge même, on prévoit que la force physique, l'étoffe matérielle qui est la doublure essentielle de ces qualités et qui les porte, pour ainsi dire, dans tout leur relief, fera un peu défaut. On trouverait, en cherchant bien, d'autres témoignages qui donneraient l'idée la plus favorable de son talent dans les rôles de mélancolie ou de passion. Ainsi, lorsque plus tard, à l'Odéon (1813-1815), elle jouait dans un drame de Rigaud *(Évelina)*, *le Mercure* la louait en ces termes :

« M<sup>lle</sup> Desbordes représente Évelina avec décence. Elle a beaucoup d'intelligence; sa tenue est parfaite, et l'on pourrait même la proposer pour modèle à plus d'une actrice du premier Théâtre-Français. Son talent a beaucoup de rapports avec celui de

M^{lle} Desgarcins, qu'elle rappelle fréquemment. Son organe est aussi doux ; il a autant de charme et de puissance... »

Le malheur de M^{lle} Desbordes comme actrice fut la vie errante que lui imposa la nécessité : elle fut condamnée toute sa vie à débuter toujours. Après ses premiers succès à l'Opéra-Comique, des difficultés matérielles et l'intérêt de son père la contraignirent à sacrifier l'avenir au présent et à accepter un engagement pour Bruxelles, où elle tint l'emploi des *jeunes premières* dans la comédie, et des jeunes *Dugazon* dans l'opéra. Puis, de là, elle revint au théâtre de Rouen, où elle joua seulement les *jeunes premières*, toujours très-accueillie et goûtée du public ; mais elle ne chantait plus :

« A vingt ans, dit elle, des peines profondes

m'obligèrent de renoncer au chant, parce que
ma voix me faisait pleurer; mais la musique
roulait dans ma tête malade, et une mesure
toujours égale arrangeait mes idées, à l'insu
de ma réflexion. » La musique commençait
à tourner en elle à la poésie; les larmes lui
tombèrent dans la voix, et c'est ainsi qu'un
matin l'élégie vint à éclore d'elle-même sur
ses lèvres.

Appelée à l'Odéon en 1813, elle y débuta
le 27 mars dans le rôle de Claudine de la
pièce de Pigault-Lebrun, *Claudine de Florian.*
Elle eut beaucoup de succès dans le rôle de
M^me Milville, de *l'Habitant de la Guadeloupe,*
par Mercier; dans Clary, du *Déserteur;* dans
Cécile, de *l'Honnête criminel,* et surtout dans
Eulalie, de *Misanthropie et Repentir.* Elle y

faisait verser d'abondantes larmes, et il arriva

un jour qu'un mauvais plaisant qui avait

entendu parler de ce succès larmoyant irré-

sistible et qui l'attribuait à l'engouement du

parterre, vint solennellement se placer au

balcon, étalant sur le rebord une couple de

mouchoirs blancs pour étancher les flots de

pleurs qui allaient couler. Le moqueur y fut

pris. La pièce commence : il écoute d'abord

avec la physionomie la plus épanouie comme

pour narguer ses voisins : l'intérêt peu à peu

s'engage; l'émotion gagne; mais, quand vient

la scène où Eulalie épanche son âme brisée

dans le sein de la comtesse, on ose à peine

respirer; on n'y tient plus, on entend dans

la salle quelques soupirs oppressés, puis des

sanglots : la figure du mauvais plaisant s'altère elle-même ; il retire ses mouchoirs, et finit par s'en servir discrètement pour essuyer de vraies larmes. Tel était le triomphe de ce jeu naturel et simple, de cette voix dont le clavier était si varié, les notes si sensibles et si pénétrantes. Cette veine d'émotion en elle n'excluait pas, à l'occasion, des accents de gaieté légère et d'enjouement.

En 1815, elle dut retourner à Bruxelles : elle s'y maria, le 4 septembre 1817, à M. Valmore, qui faisait partie du même théâtre et qui s'était pris pour elle du sentiment le plus sérieux et le plus profond [1].

1. Ce nom de Valmore n'est pas celui de la famille. M. Valmore père, mari de Mme Valmore, de son vrai nom de famille, est Lanchantin. Il était fils d'un père comédien qui avait pris le nom de Valmore. — Il est fait mention dans la *Correspondance de Napoléon Ier*,

Cependant, son premier volume de *Poésies* paraissait en 1818 [1]. Après un séjour d'une année environ à Paris, son mari et elle s'engagèrent en mars 1821 pour le théâtre de

au tome XXII, page 283, d'un général Lanchantin, que Napoléon met à la tête d'une 2e brigade destinée à la formation d'un corps d'observation de l'Italie méridionale après la dissolution de l'armée de Naples (24 juin 1811). Ce général 'Lanchantin était frère de ce comédien, père de M. Valmore, qui devait à tout jamais léguer un nom, que la poésie a rendu glorieux, à cette respectable famille d'artistes. Le général Lanchantin est mort général de division, baron de l'Empire, pendant la retraite de Moscou, à Krasnoe, en 1812.

1. Voici en quels termes distingués le président de la Commission royale préposée au théâtre de Bruxelles, M. Van Gobbelscroy (?) annonçait à M^me Valmore qu'il venait d'autoriser le directeur à résilier son engagement pour l'année 1819-1820 ; on y sent la considération qu'elle inspirait partout autour d'elle : « Mille grâces, madame, de votre charmant cadeau ; ce que je connaissais

Lyon; ils y restèrent deux ans, et c'est alors qu'elle quitta définitivement la carrière. Une seconde et une troisième édition de ses *Poésies* (1820-1822) avaient dès ce temps marqué sa place au premier rang des femmes-poëtes.

Il ne lui avait jamais été permis de développer et de perfectionner comme il aurait fallu son premier talent, ce don d'expression dramatique qu'elle possédait pourtant à un degré supérieur, mais qui dépendait trop du cadre, des circonstances, et aussi des moyens

de vos ouvrages m'en rend la collection infiniment précieuse ; leur cachet particulier est la peinture de douces et modestes vertus, d'une exquise sensibilité et des sentiments les plus nobles, les plus purs, en un mot de ces sentiments que votre jeu reproduit avec tant de vérité et de naturel sur la scène. Et vous voulez que nous ne vous regrettions pas ! vous l'enfant gâté de deux muses !... »

physiques. Celle qui, à ses débuts, avait vu
son nom rapproché de celui de M^lle Mars avait
dû quitter la partie presque aussitôt; elle
était allée réussir ou échouer (ce qui revient
à peu près au même) hors du centre, à tous
les confins de la renommée, loin du seul foyer
d'où partent les rayons et les échos. Il n'est
donné qu'à la poésie, à celle qui est pure
flamme, de triompher de tout, des malheurs,
des exils, des erreurs même et des rebuts de
la destinée.

Sa première carrière dramatique de vingt
années ne put manquer toutefois de laisser en
elle des impressions profondes, ineffaçables :
en y aiguisant sa sensibilité, en y exerçant
sur tant de sujets sa vive intelligence, elle y
avait acquis une faculté douloureuse qui te-

nait à cette délicatesse même; elle en avait gardé comme un pli d'humilité. On était loin d'être revenu alors des préjugés contre les personnes de théâtre : qu'on se rappelle le scandale qui s'était produit à l'enterrement de M^{lle} Raucourt; et ce n'était pas seulement le clergé, c'était le monde qui avait son genre de réprobation et sa nuance d'anathème. Sans doute, depuis Adrienne Le Couvreur, les comédiennes d'esprit et de talent avaient conquis un point essentiel dans la considération : elles voyaient ce qu'il y avait de mieux en hommes; mais les femmes ne les voyaient pas. Il a fallu en venir à M^{lle} Rachel pour que tombât cette dernière barrière et pour que non-seulement des femmes du monde, mais des jeunes filles de la plus haute condition,

aspirassent à l'amitié d'une femme de théâtre.
Tendre, modeste et décente, M^me Valmore
était plutôt portée à s'exagérer cette fausseté
de position que tout repoussait et démentait
si bien dans sa personne; on aurait cru, à
l'entendre, qu'elle en était restée au temps
de la Champmeslé. Elle a exprimé dès ses
premières pièces de vers [1] l'impression de
froissement pénible qu'elle en ressentait. Elle

---

1. *Élégies. A Délie.* « Délie ou plutôt Délia (mon père
ne peut retrouver le nom de famille) était fille d'un con-
sul de France à Smyrne ou à Constantinople. Elle
jouait à l'Odéon, vers 1813, les premiers rôles. Talent
passable, mais de grands yeux orientaux, un grand
éclat, des traits réguliers, fort séduisante. Elle ne manquait pas d'esprit, ne médisait jamais, ne cherchait
point à nuire à ses *camarades ;* enfin elle avait un cœur
excellent et facile; — jalouse pourtant... Voilà, bien
cher monsieur Sainte-Beuve, tout ce que mon père peut

s'adresse à une amie que de pareils scrupules n'atteignaient pas; les vers sont d'une pureté racinienne et méritent d'être rappelés :

Le monde où  vous régnez me repoussa toujours;
Il méconnut mon âme à la fois douce et fière,
Et d'un froid préjugé l'invincible barrière
Au froid isolement condamna mes beaux jours.

L'infortune m'ouvrit le temple de Thalie;
L'espoir m'y prodigua ses riantes erreurs;
     Mais je sentis parfois couler mes pleurs
          Sous le bandeau de la Folie.

Dans ces jeux où l'esprit nous apprend à charmer,
          Le cœur doit apprendre à se taire;

retrouver dans ses souvenirs. Il s'agit là d'une de ces relations inévitables au théâtre, très-agréables à bien des égards, mais que le monde s'étonne de vous voir avouer. Encore s'il vous en dédommageait! » (Lettre de M. Hippolyte Valmore.)

Et, lorsque tout nous ordonne de plaire,
Tout nous défend d'aimer...

O des erreurs du monde inexplicable exemple,
Charmante Muse! objet de mépris et d'amour,
Le soir on vous honore au temple,
Et l'on vous dédaigne au grand jour.

Je n'ai pu supporter ce bizarre mélange
De triomphe et d'obscurité,
Où l'orgueil insultant nous punit et se venge
D'un éclair de célébrité.

Trop sensible au mépris, de gloire peu jalouse,
Blessée au cœur d'un trait dont je ne puis guérir,
Sans prétendre aux doux noms et de mère et d'épouse
Il me faut donc mourir!

Nous qui ne l'avons connue que plus tard, nous retrouvions M^{me} Valmore fidèle aux souvenirs et aux liaisons de sa première vie par quelques amitiés précieuses qu'elle en avait gardées et qui étaient des plus illustres dans leur genre. Elle était l'intime amie de cette grande et royale cantatrice, M^me Branchu [1], qui régnait au temps du premier Empire et qui trouvait que tout avait été en décadence à l'Opéra depuis le jour où le préfet du palais n'était plus là pour lui donner poliment la main et l'introduire, comme le comte de Rémusat ne manquait jamais de le faire, lorsqu'elle allait jouer par ordre au château de Saint-Cloud. M^me Valmore était aussi restée intimement liée avec M^lle Bigottini, la ravissante danseuse, mais une danseuse passionnée, celle qui faisait *Nina ou la Folle par*

1. M^me Branchu (Rose-Timoléone-*Caroline*), née Chevalier de Lavit, à Saint-Domingue; morte à Passy le 14 octobre 1850.

*amour*, « la Malibran de la danse ». Elle était la plus tendre amie de M^lle Mars, dont nous l'entendrons parler tout à l'heure; M^lle Mars, qui, hors du théâtre, était la personne la plus sensée, la plus positive, la mieux ordonnée, pleine de nobles et libérales actions, bien que passant pour être un peu serrée. Ce fut M^me Valmore qui puisa un jour tout son courage dans son amitié pour aller dire à M^lle Mars cette fatale parole que le public commençait à lui murmurer depuis quelque temps : « Il n'y a plus à tarder; le moment est plus que venu; *il faut vous retirer.* » M^lle Mars l'écouta et lui en sut gré : c'était à la fois une marque de bon cœur et de bon sens.

De nombreux auteurs dont elle avait interprêté les ouvrages et entrevu ou connu la personne, elle avait retenu, sans prétendre pour cela les juger, une impression prompte et juste, le trait le plus vrai de leur physionomie, et, quand on l'interrogeait à leur sujet, elle en parlait à ravir. Désaugiers, qui se donnait pour mélancolique et « qui se dépêchait d'être gai, de peur d'avoir le temps de devenir triste »; M. Étienne, l'auteur dramatique qui vers la fin passait presque pour un grand citoyen, et auquel elle semblait si étonnée qu'on pût trouver quelque chose d'élevé dans le caractère ; ceux-là et bien d'autres, elle les touchait d'un mot fin en passant. Et puis, les soirs, au moment où la vie lui laissait un peu de trêve, quand elle revenait à ses souvenirs de théâtre, elle avait toute

sorte d'agréables récits. Elle avait joué très-
jeune, en même temps que l'excellente actrice
M^me Gontier, qui avait jadis inspiré une passion à M. de Florian, et qui surtout en avait
ressenti une très-vive pour ce brillant capitaine de dragons, auteur de jolies arlequi-
nades. M^me Gontier, vieille et devenue dévote,
bien que restée comédienne, n'entrait jamais
en scène sans faire deux ou trois fois dans la
coulisse le signe de la croix. Toutes les jeunes
actrices se donnaient le plaisir de lutiner
celle qui jouait si au naturel *Ma tante Aurore*; elles l'entouraient au foyer et lui re-
faisaient bien souvent la même question
malicieuse : « Mais est-ce bien possible,
grand'maman Gontier, est-il bien vrai que
M. de Florian vous battait? » — Et pour toute

réponse et explication, toute revenue qu'elle était, la bonne maman Gontier leur disait dans sa langue du xviiie siècle : « C'est, voyez-vous, mes enfants, que celui-là, il ne payait pas ! » — Moralité étrange et plus vraie qu'on n'ose dire ! Mais n'oubliez pas dorénavant de mettre cela en regard d'une fable ou d'une pastorale de Florian.

Elle racontait encore avec un mélange de gaieté et de sensibilité l'anecdote suivante de ce bon temps de jeunesse et de misère, où il est vrai de dire, même des femmes : « Dans un grenier qu'on est bien à vingt ans ! » Elle jouait à l'Odéon et elle logeait, je crois, dans la rue même de l'Odéon, dans un petit appartement sous les toits, avec une humble camériste qui partageait presque en amie sa vie de privations. Il y avait en ce temps-là des amateurs de théâtre, des habitués d'orchestre, juges et conseillers des artistes. L'un d'eux, un M. André de Murville, un ancien ami de Fontanes, un gendre (ma foi!) de Sophie Arnould, un auteur manqué qui n'avait jamais eu que des moitiés ou des quarts de succès, un candidat-lauréat perpétuel à l'Académie, mais qui, à travers ses ridicules, n'était point dépourvu de connaissances, ni d'esprit, ni même d'un certain goût, s'était pris d'affection pour la jeune actrice, et il tenait à lui donner des conseils. Il la visitait quelquefois, et à l'heure du dîner précisément : il s'y invitait sans façon et y restait. Ce fut un grand effroi dans l'humble ménage, par le surcroît soudain de dépense que causait ce convive improvisé, et M. de Murville avait grand appétit, comme quelqu'un qui ne dînait pas toujours. Imaginez deux oiseaux du ciel qui vivent de quelques graines et miettes de pain, et qui voient arriver, sur le pied d'ami, un bon grand vautour affamé de chair, qui se dispose à faire honneur à leur repas. Un jour que Murville montait les dernières marches de l'escalier, la camériste entra tout effrayée dans la chambre de sa maîtresse pour lui annoncer le péril, péril plus grand encore qu'à l'ordinaire. On était à une fin de mois, et, pour de trop bonnes raisons, il n'y avait que juste assez pour deux sobres estomacs de femme. Comment faire? Le pauvre Murville, après les premiers mots, ne tarda pas à s'apercevoir de l'espèce de trouble qu'il cau-

sait : il alla au-devant, et, tout en parlant
art, jeu dramatique, M^lle Gaussin, M^lle Desgarcins et autres brillants modèles, il lui
échappa de dire comme en murmurant entre
ses dents : « Oh! mes enfants, n'importe
quoi! tout ce que vous voudrez; un bon gros
morceau de pain, cela n'y fait rien. » Et il
faisait le geste honteux d'un homme qui a
faim. Le malheureux auteur avait faim en
effet. Il fallait entendre le récit de cette
petite scène par M^me Valmore : on en riait
en pleurant. — Une vraie petite scène d'o-
péra-comique ou de demi-vaudeville en
action.

Les correspondances de cette époque font
défaut : ce n'est que vers le déclin de la vie,
et quand est venu l'âge du souvenir, que l'on

songe à conserver les lettres. Parmi celles qui sont adressées à M^me Valmore dès ces années 1821 et suivantes, j'en trouve pourtant d'intéressantes de M^me Sophie Gay, qui s'était prise d'un goût très-vif pour elle, et qui, pendant les séjours de Lyon ou de Bordeaux, la tenait au courant du monde poétique de Paris, des premiers succès de la belle Delphine, des brillants hommages qu'elle recevait, et aussi de son premier trouble de cœur pour ce jeune officier gentilhomme et poëte, Alfred de Vigny. D'autres lettres d'une personne moins connue, M^me de Launay, qui fut au théâtre sous le nom de M^lle Hopkins, sont aussi fort vives, spirituelles, et d'un tour plaisant. On en extrairait de piquants détails sur plus d'un artiste célèbre ou en

vogue pour le moment [1]. Mais de ces anec-
dotes une au moins me paraît utile à rappeler, c'est le compte rendu de la façon ou-

1. Par exemple, sur le célèbre chanteur Garat :
« (1er juillet 1821). — Eh bien, que dis-tu de la séparation de Garat et de sa femme?... c'est-à-dire sa femme...
c'est égal, je l'appellerai toujours Mme Garat, c'est
nécessaire pour la société. Nous avons fait l'impossible
pour les raccommoder. Garat consent... Soit amour,
soit habitude, soit le besoin de trouver là quelqu'un
pour grogner, il désirait la ravoir près de lui. Quant
à madame, va-t'en voir s'ils viennent!... Elle est
sourde comme une trappe quand on lui parle de rap-
prochement. « Quoi? qu'est-ce que vous dites? Je
» n'entends pas. » Enfin, à force de la tourmenter, elle
a fini par prendre le ton d'une reine détrônée : « Voilà
» quatre ans que j'ai réfléchi ma démarche d'aujourd'hui.
» J'ai tout pesé, j'ai tout vu, je me retire. » Lorsque
j'ai rendu cette réponse très-adoucie à Garat, il a
dit : « On peut voir à présent que ce n'est pas moi
» qui suis l'hyène... » — Et le 6 août 1822 : Garat
traine sa vie; il va tous les jours à Feydeau, mais

trageuse dont on accueillit en 1822 les acteurs anglais qui essayaient, pour la première fois, de nous montrer Shakspeare. En 1822, l'in-

soutenu par deux personnes. Cette séparation d'avec sa femme lui a fait beaucoup de mal. Il a voulu, dit-on, s'en consoler avec une petite demoiselle, et la petite demoiselle a coulé bas la vieille frégate. *Ut, ré, mi, fa, sol,* que les hommes sont fous!... » — Et sur Joanny dont la vogue fut courte : « Et Joanny qui vient aussi de se séparer de sa femme! Il y a là-dessus une longue histoire que je te dirai une autre fois... Tu sauras, si c'est une nouvelle pour toi, que Joanny est devenu la bête noire du public; c'est' à qui veut crier haro sur le baudet. N'est-ce pas dans cette occasion qu'on peut dire qu'il brise l'idole qu'il encensait la veille? Si M. Joanny voulait jouer les rôles qui conviennent à présent à son âge, il pourrait ravoir la faveur du public; mais il tient plus que jamais aux rôles des amours; que veux-tu que j'y fasse? ce n'est pas ma faute ni la tienne. M^lle Georges attire le public d'une manière étonnante. Son tour viendra un jour, ainsi de suite.

tolérance nationale et classique régnait encore dans tout son plein : on en était toujours
aux colères contre Albion ; l'invective des *Mes-*

Tout vient, tout passe... (26 décembre 1821.) —
Cette M^me de Launay, nièce par alliance de l'ancien
gouverneur de la Bastille, avait la plume alerte et gaie,
l'esprit légèrement bigarré, railleuse, bonne royaliste
d'ailleurs, et même, ce semble, assez bonne catholique :
elle accommodait tout cela dans son joli caquetage, nouvelles de coulisses et nouvelles d'église : (15 août
1822)... Tu dois savoir, par les journaux, que Damas
(*du Théâtre-Français*) vient de donner sa démission.
Il s'est aperçu qu'il avait trente ans de service, et les
bons Parisiens, en gens reconnaissants, disent que
c'est assez, qu'il aille se coucher. Voilà l'écho de
Paris. Enfin chacun se réjouit de ne plus le voir. On
dit aussi que M^lle Délia, la Délie des *Élégies* de M^me
Valmore, a quitté l'Odéon. C'est une perte pour ce
théâtre qui ne va déjà pas très-bien. Mais qu'est-ce
qui va bien dans ce monde ? Tu sais que nous avons
eu les missionnaires, et le mauvais esprit de parti qui
cherche toujours quelque prétexte pour faire du ta-

*séniennes* faisait loi. Cinq ans après, en 1827-1828, lorsqu'une nouvelle troupe anglaise revint à la charge pour représenter Shaks-

page s'est assemblé devant les églises pour crier : *A bas les prêtres !* et beaucoup d'autres gentillesses, auprès desquelles le peuple est resté calme, ce qui a fort déjoué les turbulents. On voyait des jeunes gens de l'École de médecine et de droit engager des Savoyards et des chiffonniers à crier : *A bas les mis-sionnaires !* Plusieurs d'entre eux, qui ne savaient pas ce qu'on leur voulait dire , criaient à tue-tête : *A bas les millionnaires !* D'autres jeunes gens se sont amusés à faire arrêter la voiture d'un pair de France, et ils l'ont tourmenté pour lui faire crier : *Vive la liberté !* « Je le veux bien, » répondit-il, « mais à la condition » que vous me donnerez la liberté de passer. » Ce mot les fit rire, tout fut fini par là. On t'a peut-être fait croire que Paris avait été à feu et à sang. Dieu merci ! rien de toutes ces belles choses. Tout va son petit bonhomme de chemin. Concerts, spectacles, prome-nades, voilà l'occupation de nos Parisiens. Les députés s'avalent bien de temps en temps, mais cela ne change peare, un grand progrès s'était accompli dans l'intervalle chez les esprits cultivés ; les idées du journal *le Globe* avaient fait leur chemin dans la jeunesse. Il y eut cette fois accueil sérieux, attentif, studieux, de l'enthousiasme même : miss Smithson, entre autres, ravissait tous les cœurs, et cette noble intelligence de Berlioz, qui vient de disparaître, soudainement frappée alors comme Roméo, voyait se réaliser devant ses yeux le premier objet de

rien aux plaisirs ni à notre bon gouvernement qui est soutenu par la sagesse de notre roi et par l'esprit de l'armée qui est bon... » La spirituelle chroniqueuse, on le voit, était dans les meilleurs principes. Sa lanterne magique est d'ailleurs des plus variées ; il n'y manquait rien. Ce sont des Sévignés au petit pied qui jasent de tout, à tue-tête, et qui s'amusent. Il n'aurait pas tenu à M^me de Launay que M^me Valmore ne fût comme elle une rieuse.

son idéal, la beauté véritable. Mais, en 1822, nous étions encore sous le coup d'une prévention aveugle et toute brutale. Je ne sais pas un autre mot : on va en juger. C'est une date peu honorable dans notre histoire littéraire et qu'il faudrait effacer, mais à la condition que pareil scandale ne se reproduisît jamais :

« Nous avons à la Porte-Saint-Martin, écrivait Mᵐᵉ de Launay (6 août 1822), une troupe de comédiens anglais. Il paraît qu'ils ne sont pas très-bons, mais est-ce une raison pour vouloir les écorcher tout vifs? Le parterre en tumulte s'est porté sur le théâtre pour les forcer à quitter la scène. Ces pauvres Anglais avaient beau rappeler les droits de l'hospitalité ; rien n'était compris par ce peuple ours. Une actrice a été blessée au front par un gros sou. Enfin, après le tapage le plus épouvantable, l'acteur

Pierson est venu demander si les Anglais pouvaient continuer. Mais, avant de répondre, le parterre s'est mis à applaudir à toute outrance ce pauvre Pierson qui en était stupéfait. Après avoir témoigné leur ardent patriotisme à ce grand acteur, ils ont voulu entendre le reste de la tragédie d'*Othello*. La toile se lève pour la troisième fois, et l'on voit, sur un lit, Desdémona couchée ; aussitôt on se met à crier : « *Apportez un pot de c...*, elle en a besoin. » L'actrice se met à chanter : tous les mirlitons de Saint-Cloud étaient à la bouche de nos aimables Français pour l'accompagner. Ensuite vinrent les pommes de terre, les noix, les œufs, les gros sous. Cette pauvre femme se tuait à faire des révérences à ce galant parterre : nulle pitié, et c'est ici qu'elle fut blessée ; elle tomba évanouie. Que le Parisien est donc changé ! qu'est devenue son aimable réputation de peuple hospitalier ? que sont devenues ces mille bonnes qualités qu'on lui reconnaissait et qui me rendaient fière d'être de la paroisse Saint-Eustache? Mais, aujourd'hui, mes compatriotes commettent une injustice ; pourquoi? Parce qu'ils veulent user de représailles. Laissez à chacun son humeur sauvage, et vous, Français, gardez vos brillantes qualités. On dit que les malheureux acteurs doivent aller à Lyon : tu me diras ce qu'il en sera. »

Les aimables Français sont-ils vraiment corrigés? Ne recommencent-ils pas quelquefois, sans s'en apercevoir, la même scène sous d'autres noms? Peuple de *titis* ou messieurs à gants paille, ne retombent-ils pas exactement dans le même procédé? Qu'on se rappelle les soirées du *Tannhauser !*

La réputation de M^me Valmore, sous sa première forme de touchante élégiaque et d'aimable conteur en vers, était faite dès ces années 1824-1827 ; pendant ses absences de Paris et ses séjours à Lyon ou à Bordeaux, sa

nouvelle étoile avait pris place dans notre
ciel poétique et y brillait d'un doux éclat, sans
lutte et sans orage. M^me Valmore n'avait point
rompu avec la tradition; elle avait varié la
romance, attendri et féminisé l'élégie, modulé
sur un ton suave le tendre aveu et la plainte
d'un cœur qui s'abandonne. M^me Sophie Gay
écrivait d'elle en octobre 1820, après avoir
cité quelques-uns de ses vers : « Peut-on mieux
peindre le charme de cette mélancolie que
M. de Ségur appelait *volupté du malheur?* »
Et elle lui promettait une place au Temple
du Goût à côté de M^me Des Houlières [1].
M. Creuzé de Lesser, un auteur croisé d'administrateur, et qui n'était pas sans mérite, lui
écrivait de Montpellier (1^er décembre 1867) :

1. Article de la *Revue encyclopédique.*

« .... Il y a longtemps, madame, que j'ai, — que j'ai lu — et que j'aime ce que vous avez publié. De toutes les femmes qui écrivent, vous êtes incontestablement aujourd'hui celle qui a le plus de sensibilité et de grâce. Les réputations des femmes sont quelquefois sujettes à un peu d'exagération, et c'est ce que je me disais involontairement, il y a quelque temps, en lisant les Poésies de Mme Dufrénoy, qui a fait de très-jolies choses, mais qui en a fait trop peu, au moins pour le nom qu'on lui a voulu donner. Votre réputation, madame, est de meilleur aloi : vous vous élevez davantage et plus souvent ; vous avez de ces choses exquises qui sont à côté de tout, et vous savez revêtir d'une poésie dorée des élans de cœur qu'il est impossible d'oublier. Il y a de l'esprit de reste en France, mais la vraie sensibilité y est beaucoup plus rare, et c'est là un de vos domaines. Que je suis heureux de pouvoir être si franc en étant si poli!... »

Et il mêlait à ses éloges quelques réserves

pour certains défauts de distraction ou de né-
gligence. Tel était alors le suffrage des bons
esprits classiques, et je n'en fais pas fi quand
il est à sa place et en son lieu. Telle forme
de poésie, telle forme de critique.

Mais combien il restait à faire encore à l'aimable et touchante muse pour devenir celle
de ses dernières poésies et de ses derniers
chants, de ceux surtout qui n'ont paru que
depuis sa mort [1]! C'est la douleur constante
et son aiguillon, le travail aussi, l'avertisse-

1. *Poésies inédites* de M<sup>me</sup> Desbordes-Valmore,
publiées par M. Gustave Révilliod, imprimées à Genève
chez Jules Fick, 1860. — Et qu'on le sache bien, M. Révilliod n'est pas un éditeur, c'est un ami des lettres, libéral
et généreux, qui ne se fit éditeur, cette fois, que pour
avoir le droit de mettre un prix aux Poésies posthumes
d'une muse qu'il respectait et admirait

ment de poëtes plus mâles et à la grande aile,
les exemples dont elle profita en émule et en
sœur, un art caché qu'elle trouva moyen de
mêler de plus en plus à ses pleurs et à sa voix,
qui opérèrent cette transformation sensible
vers 1834 environ, et qui l'amenèrent sinon
à la perfection de l'œuvre, toujours s'échap-
pant et fuyant par quelque côté, du moins au
développement et à l'entier essor des facultés
aimantes et brûlantes dont son âme était le
foyer. Veut-on mesurer tout d'abord la distance? En regard des premières poésies, qu'on
mette le *cri* que voici et que j'ai dégagé des
brouillons raturés ; car il ne sera pas dit que
ce premier article sur M<sup>me</sup> Valmore se passera
tout en prose et sans qu'il y éclate une note
vibrante, à la Dorval ou plutôt à la Valmore,

comme elle seule en avait. Cette note rentre
dans le thème qui lui était familier, — le dé-
chirement d'un amour brisé, d'une blessure
dont on craint de remuer et de rouvrir la pro-
fondeur.

## LES SÉPARÉS

N'écris pas. Je suis triste, et je voudrais m'éteindre.
Les beaux étés sans toi, c'est la nuit sans flambeau.
J'ai refermé mes bras qui ne peuvent t'atteindre,
Et frapper à mon cœur, c'est frapper au tombeau.
        N'écris pas!

N'écris pas. N'apprenons qu'à mourir à nous-mêmes.
Ne demande qu'à Dieu... qu'à toi, si je t'aimais!
Au fond de ton absence écouter que tu m'aimes,
C'est entendre le ciel sans y monter jamais.
        N'écris pas!

N'écris pas. Je te crains ; j'ai peur de ma mémoire ;

Elle a gardé ta voix qui m'appelle souvent.

Ne montre pas l'eau vive à qui ne peut la boire.

Une chère écriture est un portrait vivant.

N'écris pas !

N'écris pas ces doux mots que je n'ose plus lire :

Il semble que ta voix les répand sur mon cœur ;

Que je les vois brûler à travers ton sourire ;

Il semble qu'un baiser les empreint sur mon cœur.

N'écris pas !

C'est ainsi que chantait la dernière Valmore dans le ressentiment de ses jeunes et anciennes douleurs. Comparez maintenant avec telle de ses premières élégies ; *Ma sœur, il est parti ! Ma sœur, il m'abandonne !...* ou bien : *Emmenez-moi, ma sœur... Dans votre sein cachée,* etc. C'est, dans son ordre ; la même distance que d'une ode des premiers Recueils de Hugo

à l'une des *Contemplations*. On conçoit que,
sous l'impression que laissent de pareils élans,
Michelet ait pu lui écrire un jour : « Le sublime est votre nature… ; » et qu'ayant sous
les yeux son dernier recueil, il ait écrit à son
fils (25 décembre 1859) :

« Mon cœur est plein d'elle. L'autre jour, en
voyant *Orphée*, elle m'est revenue avec une force
extraordinaire et toute cette puissance d'orage
qu'elle *seule* a jamais eue sur moi.

» Que je regrette de lui avoir si peu marqué,
de son vivant, cette profonde et *unique* sympathie !… [1] »

1. Le lendemain du jour où parut cet article,
M. Sainte-Beuve reçut de M. Michelet la lettre suivante :
« Cher monsieur, que vous pénétrez à fond, que vous
caractérisez bien celle qui eut, entre tous, le *don des
larmes* : ce don qui perce la pierre ! résout la sécheresse
du cœur !

» Je ne l'ai connue qu'âgée, mais plus émue que jamais, troublée de sa fin prochaine, et (on aurait pu le dire) ivre de mort et d'amour.

» Ce merveilleux dernier volume avait peine à s'imprimer. Par bonheur, on en parla à l'aimable et généreux -M. Révilliod de Genève...

» Je vous serre la main.

» J. MICHELET.

» 23 mars 69. »

II

On n'écrit pas la vie d'une femme, sa biographie à proprement parler : je noterai seulement les points essentiels de l'existence de M^{me} Valmore, sans lesquels on ne pourrait bien apprécier les extraits de sa correspondance.

Sa destinée errante, qui l'avait jetée et ramenée plus d'une fois de Rouen à Bruxelles, de Bruxelles à Rouen, puis à Lyon, à Bordeaux, sauf quelques stations d'assez courte durée à Paris, eut un dernier et notable épisode en 1838. Mme Valmore vit l'Italie, la haute Italie du moins. En 1838, au mois d'août, un entrepreneur de théâtre eut l'idée d'engager quelques acteurs français pour jouer à l'époque du sacre de l'empereur Ferdinand (à titre de roi de Lombardie), qui devait se faire à Milan et y attirer une foule d'étrangers. Mme Valmore, avec ses deux filles, y accompagna son mari, ne laissant en France que son fils. Ce fut pour les artistes qui avaient cru au sérieux de cet engagement une déception cruelle ; mais le poëte y gagna de voir la grande terre, les grands horizons et les paysages aimés de Virgile. Son goût dut s'y élargir. Un petit album où elle notait ses

'impressions ne nous représente pourtant que
des notes brisées; mais c'est là qu'elle conçut
et chanta sa belle invocation au Soleil :

Ami de la pâle indigence,
Sourire éternel au malheur,
D'une intarissable indulgence
Aimante et visible chaleur;
Ta flamme, d'orage trempée,
Ne s'éteint jamais sans espoir :
Toi, tu ne m'as jamais trompée
Lorsque tu m'as dit : « Au revoir ! »

Tu nourris le jeune platane
Sous ma fenêtre sans rideau,
Et de sa tête diaphane
A mes pleurs tu fais un bandeau.
Par toute la grande Italie
Où je marche le front baissé,
De toi seul, lorsque tout m'oublie,
Notre abandon est embrassé...

L'image de ce platane à la fenêtre *sans rideau*, du moins dans les deux premiers vers
de la strophe, est saisissante ; on sent que
c'est pris sur nature, et que ce n'était pas
une fiction du poëte. Dans une lettre à
M^me Pauline Duchambge, datée de Milan,
20 septembre (1838), à la veille du retour, je
lis ces mots : « Mars (*M^lle Mars*) te porte une
feuille du platane qui me servait de rideau... »

M^lle Mars, en effet, était allée à Milan donner quelques représentations à l'occasion de
cette même solennité, et ce fut une rencontre
heureuse pour ses imprudents compatriotes,
que la faillite de l'impresario laissait à la
lettre sur le pavé : elle joua à leur bénéfice
pour les aider à se rapatrier. Un quartier de

la petite pension qu'avait M^me Valmore vint

aussi fort à propos pour être partagé entre

tous ceux qui en avaient tant besoin; et

comme c'était peu, elle vendit encore quelques

effets pour le même usage.

Depuis cette excursion, la plus lointaine

qu'elle ait tentée (après le voyage aux An-

tilles), M^me Valmore, revenue avec sa famille

à Paris, y vécut habituellement, et, si elle y

fut errante, ce ne fut plus que de quartier

en quartier, et dans les logements divers d'où

les gênes domestiques la chassaient trop sou-

vent. J'ai parlé d'une pension qu'elle tou-

chait; ceci est à expliquer, d'autant plus que

la correspondance sera remplie de détails

pénibles, et qu'il serait injuste d'en tirer au-

cune conséquence extrême contre la société

ni contre les hommes. M^me^ Valmore dans ses plaintes n'accusa jamais personne : elle était le plus éloignée par nature de toute récrimination comme de toute déclamation. Elle avait rencontré, en effet, sur sa triste route, bien des amis qui n'avaient été ni insensibles ni inactifs; mais elle-même avec sa pudeur délicate ne se prêtait guère aux bienfaits; elle n'allait volontiers au-devant des services que quand c'étaient des services à rendre, non à recevoir. Une personne dont on ne saurait assez reconnaître le bienfaisant génie revêtu de charme, M^me^ Récamier, de bonne heure avertie par M. de Latouche du talent et de la situation de M^me^ Valmore, s'était mise en peine pour l'obliger. Lorsque M. de Montmorency fut nommé membre de l'Académie française (1825), il eut la noble idée de céder son traitement à un homme de lettres dans le besoin, ce qu'avait fait précédemment Lucien Bonaparte, qui, l'on s'en souvient, avait cédé sa pension de l'Institut à Béranger commençant. M^me Récamier songea aussitôt à présenter M^me Valmore au choix de M. de Montmorency; mais, de sa part à elle, on se heurta à une délicatesse. M. de Latouche, qui la connaissait bien, avait tout d'abord prévenu M^me Récamier [1]. M^me Valmore, au premier mot qu'on lui en toucha, eut d'instinct un mouvement de refus. Sans bien se rendre compte elle ne se sentait pas de force à être l'obligée d'un grand seigneur, fût-il

1. *Souvenirs et Correspondance tirés des papiers de M^me Récamier*, tome II, page 194.

le plus homme de bien; l'humble et digne plébéienne n'aurait pas supporté qu'on pût dire d'elle ce que le monde malin disait d'un autre littérateur assez distingué et le plus long de taille que j'aie connu, qu'on avait surnommé en ce temps-là « le pauvre de M. de Montmorency ». De Bordeaux où elle était alors, elle s'empressa de répondre à Mme Récamier :

« Pardonnez si mes mains ne s'ouvrent pas pour accepter un don bien offert. Mon cœur seul peut recevoir et garder d'un tel bienfait tout ce qu'il y a de précieux et de consolant, le souvenir du bienfaiteur et la reconnaissance sans le poids de l'or. Il me reste à vous supplier de prendre sur vous mes vifs remercîments et mon respectueux refus; c'est à votre adorable bonté que j'ai dû la distinction d'un homme illustre qui m'ignorait, et c'est à vous, ma-

dame, que mon âme demeure éternellement ac-
quise. »

Dans cette même lettre toutefois, sachant
les démarches de M^{me} Récamier pour lui faire
obtenir une pension régulière par l'entremise
du vicomte de la Rochefoucauld, M^{me} Valmore ajoutait :

« Je vous la devrai, madame, et avec joie, si
quelque jour on accorde à votre demande ce dont
vous ne me jugez pas indigne ; je voudrais avoir
bien du talent pour justifier votre protection qui
m'honore, et pour mériter l'encouragement vraiment littéraire que vous entrevoyez dans l'avenir ;
je serai contente alors de l'obtenir de vous, et je
n'aurai ni assez d'orgueil ni assez d'humilité pour
m'y soustraire... »

Mais, lorsque cette petite pension fut obte-
nue, — une pension au nom du roi, — ce

fut de la part de l'humble et généreux poëte
un sentiment de peine et de résistance morale
à l'aller toucher. Elle semble même d'abord
avoir cru dans sa simplicité que l'argent de
l'État devait aller de lui-même vous chercher
à domicile. Elle écrivait en mai 1826 à un
excellent ami, M. Duthillœul, juge de paix à
Douai : « On disait que j'avais une pension.
J'ai reçu d'un ministre une lettre qui me
l'annonçait; on l'a même annoncée dans les
journaux, mais il n'en est rien jusqu'ici. La
méritant si peu, je ne la regrette pas plus
que je ne l'avais souhaitée et demandée. »
Son oncle Constant Desbordes, le peintre, lui
écrivait en septembre, pour l'avertir qu'on
était fort surpris au ministère de la maison
du roi qu'elle ne se fût point présentée ou

quelqu'un de sa part, car il y avait neuf mois
que cette pension datant de janvier avait
commencé de courir; il avait dû déjà la gronder auparavant de paraître se soucier trop
peu d'une faveur, « qui, disait-il, n'a rien
que d'honorable ». Son amie, M<sup>me</sup> de Launay,
informée de la nouvelle par les journaux,
avait beau l'en féliciter gaiement, elle était
aussi obligée de la gronder et de la semoncer
à sa manière [1]. La vérité est que, entière-

1. C'est dans une lettre du 1<sup>er</sup> novembre 1826; elle
lui écrivait, en bonne royaliste toujours, en amie spirituelle et sensée, mais qui n'entendait rien à ce genre de
scrupules : « Mon cœur, disait-elle, sait lui pardonner
(*à la sœur de M<sup>me</sup> Valmore, pour un grief en l'air et
par manière de plaisanterie)* comme il te pardonne la
nonchalance que tu mets pour recevoir une pension qui
ne peut, sous tous les rapports, n'être pour toi que fort
agréable. Elle flatte l'amour-propre et la bourse. Je ne

ment étrangère à la politique et à tout ce qui en approchait, M^me Valmore avait le cœur libéral, populaire, voué à tous les opprimés, à tous les vaincus ; qu'elle était vraiment patriote, comme on disait en ce temps-là ; qu'elle

connais que les saints qui pourraient la repousser, et encore je leur dirais : « Messieurs les saints, si cette » pension peut être utile aux vôtres, laissez de côté votre » dédain ou votre indifférence ; ne pensez point ici à » vous ; cette pension peut être utile pour élever vos » enfants. » Ce mot doit décider *mon bon saint* Marceline à recueillir les dons de la Providence. Tiens, mon amie, la main qui te l'a donnée est bien la main du plus parfait honnête homme que l'on puisse connaître. Toutes les vertus habitent le cœur de notre roi ; il est sensible au dernier point, et son cœur est d'une piété douce. Je t'assure que c'est un ange que nous avons sur la terre. Toi si bonne, si tendre, comment peux-tu ne pas l'aimer? Crois-moi, chère amie, Charles X est digne de nous deux. Allons, va recevoir ta pension, ou je me fâche. » M^me de Launay eût encore moins avait-été malade six semaines du désastre de Waterloo ; qu'elle devait tressaillir, en 1830 et depuis, à toute grande explosion nationale ou populaire : journées de Juillet, Pologne et Varsovie, insurrection de Lyon de 1834, à laquelle elle assista, Février 1848 (je m'arrête). Dans ces grandes crises, elle n'était plus maîtresse de ses sentiments : soudains et prompts, ils s'envolaient au plus haut de l'air, comme des nuées de colombes. Elle était irrésistiblement du côté du peuple et des peuples. On conçoit qu'il lui coûtait de rien recevoir des grands et des puissants, de ceux qu'elle compris sa singulière amie si on lui avait dit que sa pensée avait été d'abord de faire offrande des premiers quartiers échus à la cause des Grecs : car elle ne savait comment justifier et purifier à ses yeux cet argent. Elle abandonna le premier trimestre à son oncle Desbordes.

ne pouvait appeler ses frères. Elle était d'avis que, dans certains cas, « l'argent démoralise, même celui qui le donne ». Elle avait un principe trop justifié par l'expérience, qu'il n'y a que les pauvres et les souffrants pour se confier leurs peines les uns aux autres, pour s'entr'aider et se secourir entre eux. Son christianisme, on le verra, était tout en ce sens ; elle était fille du Sermon sur la montagne. Quoi qu'il en soit, la pension fut donnée, maintenue ; elle fut même augmentée sous Louis-Philippe, grâce à la bienveillance de M. Thiers, et, si elle subit plus tard des variations ou des réductions, elle ne descendit pas en dernier lieu au-dessous du chiffre de deux mille francs. Voilà ce qu'il était juste de dire à décharge de la société et du pouvoir :

ce qui n'empêche pas tout le reste d'être vrai
et tous les détails douloureux qu'on va lire
de subsister dans leur amère réalité. Car ce
qu'on ne sait pas assez, ce que les aisés et les
heureux oublient trop vite, c'est que, lorsqu'une fois une maison, un humble ménage
est tombé au-dessous de son courant, lorsqu'il
y a eu chômage dans le travail, lorsqu'un ar-
riéré s'est une fois formé et grossi jusqu'à la
dette, on ne se rattrape jamais : on en a de
ce poids sur la tête pour toute la vie. Ce qui
suffisait strictement dans les conditions ordinaires les plus simples, une fois dépassé, ne
se regagne pas, et dans cette vie de prolétaire
au jour le jour, une fois grevé et obéré, on
ne s'en tire plus. Il n'y a pas d'économie politique qui prévaille contre ce fait inexorable.

4.

Une autre explication préliminaire est encore indispensable à donner : il s'agit de la religion de M^me Valmore, qui va revenir à chaque page. Elle était pieuse, mais d'une piété qu'elle mettait toute dans la charité et qui n'était qu'à elle. Élevée pendant les années de la Révolution, dans un intérieur modeste et pauvre, près d'une église en ruines, en face d'un cimetière agreste où l'on allait jouer et prier, toute Flamande dans ses croyances du berceau et ses crédulités charmantes, elle confondait dans un même amour domestique Dieu et son père, la Vierge et sa mère et ses sœurs. Elle avait été un ange de piété filiale pour son père qu'elle perdit en 1817. Elle continuait de vivre en présence de ces chères âmes absentes et disparues ; elle les

invoquait sans cesse. Un critique éminent
et bienveillant, M. Vinet, en parlant du Recueil des *Pleurs* de M^me Valmore, n'a pu s'empêcher de voir, lui chrétien positif, une sorte
de sacrilége dans cette confusion d'adorations
par laquelle elle mêlait Dieu et les anges à
ses divers amours, et même au plus orageux
de tous : c'est qu'aucun amour, digne de ce
nom et sincère, n'était profane à ses yeux [1].

1. L'article de M. Vinet parut dans le journal pro-
testant *le Semeur*. L'impression qu'en reçut M^me Valmore fut respectueuse et sentie; elle en écrivait le
8 décembre 1833 à M. Froussard, chef d'institution à
Grenoble, chez qui son fils était en pension : « J'ai lu
l'article littéraire que vous m'avez signalé. Je le trouve
grave et juste. Il m'a fait beaucoup pleurer. L'amour
de mes enfants comme je l'éprouve, ardent et dévoué,
me fera peut-être pardonner l'autre. Si une punition
triste et éternelle suivait une vie si orageuse et si amère,

Mais le seul point qu'il importe bien de mar-
quer, c'est que dans ses croyances les plus
tendres elle resta indépendante, et qu'elle
n'introduisit jamais un tiers, un homme,
comme truchement entre Dieu et elle. Si elle
entrait dans les églises pour prier (ce qu'elle

mon âme éclaterait de douleur. » Son âme aimante,
encore plus que son bon sens, se refusait à cette idée
d'une éternité de peines. — Quelques mois après la publication de ces articles, M. Sainte-Beuve écrivait à la
respectable veuve de M. Vinet que cette lecture avait
beaucoup émue et remuée, mais qui n'acceptait pas
pour l'article de son mari une interprétation et une
portée aussi redoutables : « (24 juillet 1869). — ... Il ne
faut pas trop vous inquiéter de cet article sur M^me Valmore. Il était sévère en effet ; il était d'un chrétien qui
ne badinait ni avec les choses ni avec les mots ; mais
l'impression sur M^me Valmore a surtout été sérieuse, et
il me semble qu'elle l'a accepté comme M. Vinet aurait
désiré qu'elle le fît. »

faisait souvent), c'était entre les offices et quand les nefs étaient désertes. Elle avait son Christ. le Christ des pauvres et des délaissés, des prisonniers, des esclaves, celui de la Madeleine et du bon Samaritain, un Christ de l'avenir, de qui elle a dit dans un de ses plus beaux accents :

Lui dont les bras cloués ont brisé tant de fers.

Et tout cela, avec les années, avec les douleurs et les coups acharnés du sort, n'était pas sans être traversé souvent dans son esprit de bien des doutes et de funestes ténèbres. Quand elle n'eut plus à exhorter les autres, à les réchauffer et les réconforter de ses espérances, quand elle ne fut plus qu'en face d'elle-même, toutes illusions dépouillées, toutes réalités éprouvées et épuisées jusqu'à la lie, dans les longs mois qui précédèrent sa mort, elle entra dans un grand silence. — Enfin n'oublions pas, en la lisant, qu'un poëte n'est pas nécessairement un physicien ni un philosophe (*fortunatus et ille deos qui novit agrestes*), et qu'aussi, derrière toutes les charmantes visions auxquelles s'attachaient son imagination et son cœur, — ce cœur resté enfant à tant d'égards, — il y avait chez la femme bien de la fermeté et un grand courage.

Sa famille immédiate se composait de cinq êtres les plus chers : un mari, la probité et la droiture mêmes, qui souffrait en homme de son inaction forcée, et qui ne demandait qu'emploi honnête et labeur [1]; trois enfants

1. Il trouva à la fin, en septembre 1852, cette place

de rare nature, un fils né en 1820, et deux filles, Ondine née vers 1823, et Inès née vers 1826. De ces deux filles qu'elle eut la douleur de voir mourir avant elle, la plus jeune, Inès, délicate, poétique, une sensitive douloureuse; méfiante d'elle-même, tendrement jalouse, « l'enfant de ce monde, disait sa mère, qui a le plus besoin de caresses », atteinte d'une maladie de langueur étrange, s'éteignit la première, à l'âge de vingt ans, le 4 décembre 1846. Ondine, dont le vrai nom était *Hyacin-*

humble, mais honorable et selon tous ses goûts, à la Bibliothèque impériale, à la rédaction du catalogue. Ceux qui contribuèrent à la lui faire obtenir n'ont pu savoir de quel « saint contentement » et de quelle « profond soupir de gratitude » ils remplirent ces cœurs peu habitués à voir rien leur réussir. Je transcris les expressions mêmes que j'ai sous les yeux.

*the*, mais qu'on avait toujours appelée Ondine de son nom d'enfant, était poétique aussi et même poëte; elle tenait de sa mère le don du chant; elle mourut à trente ans, le 12 février 1853. Elle était mariée depuis peu à M. Langlais, représentant de la Sarthe, qui fut ensuite conseiller d'État, homme de mérite, qui est mort chargé d'une mission près de l'empereur Maximilien au Mexique. Cette charmante Ondine avait des points de ressemblance et de contraste avec sa mère. Petite de taille, d'un visage régulier avec de beaux yeux bleus, elle avait quelque chose d'angélique et de puritain, un caractère sérieux et ferme, une sensibilité pure et élevée. A la différence de sa mère qui se prodiguait à tous, et dont toutes les heures étaient envahies, elle

sentait le besoin de se recueillir et de se ré-
server : ces réserves d'une si jeune sagesse
donnaient même parfois un souci et une
alarme de tendresse à sa mère, qui n'était
pas accoutumée à séparer l'affection de l'é-
panchement. Elle se disait quelquefois, à
propos d'Ondine et pendant l'ennui qu'elle
éprouvait de ses absences, ennui qui devenait
par moments un cauchemar dans les in-
somnies : « Quoi ! cet amour-là aussi fait
le même mal que l'autre ! » — Ondine étu-
diait beaucoup. Elle passa plusieurs années
comme sous-maîtresse et plutôt encore comme
amie dans le pensionnat de M<sup>me</sup> Bascans, à
Chaillot. J'allais quelquefois l'y visiter. Elle
s'était mise au latin et était arrivée à entendre
les odes d'Horace ; elle lisait l'anglais et avait

traduit en vers quelques pièces de William Cowper, notamment celle des *Olney Hymns*, qui commence ainsi : *God moves in...*; une poésie qui rappelait les cantiques de Racine et toute selon saint Paul. Elle lisait aussi Pascal, dont les *Pensées* occupaient fort en ces années la critique littéraire. Elle écrivait à ce sujet à un ami :

« En rentrant le soir, j'ai trouvé votre lettre et *Pascal* que je n'ai point quitté depuis. Me voilà occupée et heureuse pour bien des jours. C'est une douceur profonde que de trouver de pareils amis dans le passé, et de pouvoir vivre encore avec eux malgré la mort. »

Elle avait fait une pièce de vers sur le jour des Morts, qui était le jour anniversaire de sa propre naissance ; elle y disait, en s'adres-

sant à ces chers défunts qu'on a connus, et
qu'elle se peignait comme transfigurés dans
leur existence supérieure :

Ah ! qu'importent les noms ! ah ! qu'importent les sphères!
Ames de nos amis, nous demeurons vos frères.

. . . . . . . . . . . . . . . . . . . .

Dites, recueillez-vous l'hommage de nos larmes?
Ces pleurs versés pour vous ont-ils pour vous des charmes ?
Dans le céleste asile où sont tous les amours,
Vous qui ne pleurez plus, nous aimez-vous toujours?

Ondine avait été nommée en 1848, et grâce
à l'appui d'Armand Marrast, dame inspec-
trice des institutions de jeunes filles, fonction
dont elle remplit exactement les devoirs jusqu'à sa maladie dernière.

M^{me} Valmore, comme famille prochaine et
presque aussi chère que celle du foyer, avait

encore un frère qui vivait à Douai, deux sœurs et une nièce établies à Rouen, et assez peu heureuses, ce semble. Le frère, auquel elle écrivait régulièrement, était un ancien soldat qui avait servi sous l'Empire dans la guerre d'Espagne, qui n'avait pas dépassé le grade de sergent, et qui avait été ensuite prisonnier des Anglais sur les pontons d'Écosse. Vieux, infirme et sans ressources, il n'avait pu atteindre jusqu'à la dignité d'invalide, et tout ce qui avait été possible, ç'avait été d'obtenir pour lui, par la protection spéciale de M. Martin (du Nord), d'être logé et nourri à l'hôpital de Douai, presque en face de la maison natale. C'est cet humble frère qu'il s'agissait à tout instant de relever, de réconforter, de secourir aussi par de rares envois d'argent

(20 francs par mois, quand on le pouvait) ;
mais, en lui servant sa minime obole, cette
âme de sœur trouvait moyen de diversifier à
l'infini le baume moral qu'elle répandait sur
ses blessures.

Et maintenant laissons-la parler elle-même ;
parcourons avec elle quelques-unes des bran-
ches les plus particulières et les plus intimes
de sa correspondance, à commencer par celle
qui s'adresse à ce frère si peu favorisé, Félix
Desbordes, *administré de l'hôpital général* à
Douai :

« (14 janvier 1843)... L'aînée de mes filles est
toujours en Angleterre, à ma grande affliction[1], car

---

1. Ondine était allée faire ce voyage en compagnie de
la fille de M^me Branchu ; déjà affectée de la poitrine,
mais sans connaître la gravité de son état, qui nous

cetle absence commence à me devenir insupportable.
Enfin les beaux jours me la rendront tout à fait
rétablie, j'espère, et je ne demande rien plus ar-
demment à Dieu. Hélas! mon bon Félix, quand
nous n'en pouvons plus du fardeau de nos peines,
n'oublions pas que sa bonté ne nous a pas tout à
fait abandonnés et qu'enfin nous sommes ses enfants. Quelque chose de grand est caché sous nos
souffrances. — Allons! plus nous aurons payé d'a-
vance, plus il nous dédommagera de l'avoir aimé
et cherché au milieu de toutes nos épreuves. J'ai
des moments où je croule, mais je me sens toujours
soutenue par cette main divine qui nous a faits
frère et sœur pour nous aider et nous chérir, mon
bon Félix. Tu sais quel bonheur je trouve à remplir
ma mission, et je te remercie d'avoir également
rempli la tienne. En m'aimant fidèlement, tu m'as

avait été révélée par une consultation du docteur Louis,
elle s'abandonnait avec une entière confiance à un traitement homœopathique du docteur Curie.

bien souvent consolée des amitiés légères et ou-
blieuses de ce monde : la nôtre sera de tous les
mondes. Je t'envoie vingt-cinq francs, ne pouvant
pas t'en envoyer davantage. Il y a toujours quelque
raison grave pour arrêter l'élan de mon âme. Tu
le crois, n'est-ce pas ? Va ! cela est; car, si je n'étais
pas pauvre, tu ne le serais pas... »

« (14 avril 1843)... Tu vois, mon bon frère, que
c'est toujours avec un petit retard que mon devoir
s'exécute. Des obstacles de bien des sortes donnent
un démenti à ce mot toujours... Mais tu vois aussi
que la persévérance dans le bien touche toujours la
bonté de Dieu qui semble dire à la fin : « Laissez-
» la faire. » Donc, si j'avais toujours voulu le bien,
avec un si bon père, j'y serais peut-être parvenue !
Tu me rends bien heureuse de m'avouer la ten-
dance de ton âme à prier, mon bon frère. Je ne sais
s'il y a sur la terre rien de plus utile et de plus
doux que de retourner de bonne volonté à la
source de notre être et de tout ce que nous avons

aimé au monde. Tous les biens se perdent et s'é-
vanouissent : ce but seul est immuable. Rien n'humilie, avec la foi dans ce juge équitable et tendre.
Il nous rend tout ce que nous avons cru volé ou
perdu. J'aime beaucoup Dieu, ce qui fait que j'aime
encore davantage tous les liens qu'il a lui-même
attachés à mon cœur de femme. Tu sentiras aussi
par degrés toutes les fougues de ton cœur d'homme
s'apaiser devant cet immense amour qui purifie tous
les autres, et tu seras comme un enfant qu'une fleur
contente et rend riche. Juge de quelle considération tu peux t'entourer jusque dans cette retraite,
qui sera devenue le lazaret de ton âme...

» ... M^{me} Saudeur, arrivée il y a quatre jours,
m'a remis ta lettre et tes manuscrits, que je n'ai
pas eu le loisir d'ouvrir encore, car je suis comme
au pillage de mon temps : partout le travail, les
correspondances, ménage, couture et visites, qui
remplissent mes journées ; elle sont de huit heures
jusqu'à minuit. Plus tard, je t'en parlerai. Rappelle-

toi ce que je t'ai dit sur les notions qui peuvent t'être
restées précises sur notre famille et nos chers
père et mère. Je vous ai tous quittés si jeune, que
je sais peut-être moins que vous de notre origine.
Tout ce qui est resté gravé dans ma mémoire, c'est
que nous avons été bien heureux et bien malheureux, et qu'il y avait pour nous bien du soleil à
Sin [1], bien des fleurs dans les fortifications ; un
bien bon père dans notre pauvre maison, une
mère bien belle, bien tendre et bien pleurée au
milieu de nous ! »

« (24 janvier 1847)... Je t'envoie avec celle-ci
quinze francs que tu n'attends pas avec l'impatience
que j'ai eue à te les envoyer ; mais nos misères sont
loin d'être améliorées. Quand Dieu voudra, Félix !

1. Village près de Douai, où l'on allait les dimanches
et jours de fête. « Ah ! si je pouvais aller à Sin me pro-
mener quelquefois sous les arbres des dames Clin-
champ !... Cette idée m'affecte aux larmes, et pour moi
le bonheur, c'est le repos. » (Lettre ecrite de Lyon, le
5 juillet 1827.)

5.

Il est plus grand que nos cris! Tu peux continuer à relever l'âme de ta pauvre sœur par la considération dont je sais que tu l'entoures. Ta bonne conduite, ta patiente dignité est comme une croix d'honneur qui ne brille que mieux sur un habit pauvre. Laisse faire le temps et Dieu , et ne cesse pas d'aimer ta triste sœur. »

« (8 mars 1847)... Tu vois, mon ami, que je t'écris seulement aujourd'hui pour te dire d'*attendre*, et que je n'ai pas voulu retarder ma lettre jusqu'au moment où je pourrai y joindre un envoi d'argent. Je veux avant tout t'épargner l'inquiétude qu'un silence plus long te causerait, sachant bien que ton cœur s'en rapporte au mien de l'empressement que je mettrai à partager avec toi le premier rayon bienfaisant que la Vierge m'enverra. Ce dernier déménagement m'a tout pris. C'est fièrement douloureux d'interrompre ainsi les seules douceurs consolantes de ma vie. A quel point faut-il que je sois pauvre pour te laisser si pauvre !... »

Nous voilà tout d'abord entrés aussi avant
que possible au cœur de cette poignante destinée.

On a diversement parlé du ministre de
la justice en ce temps-là, Martin (du Nord) ;
je crains que sa fin n'ait nui à ce qu'il pouvait
y avoir de bien dans sa vie. Ce qu'il faut dire
à la décharge de sa mémoire, c'est qu'il avait
de l'hùmanité ; que M^me Valmore n'avait jamais
invoqué vainement en lui le compatriote et
le *pays* ; qu'elle lui demandait chaque année
des grâces pour étrennes, — des délivrances
de prisonniers ; qu'elle avait une manière de
les lui demander en glissant un mot de patois
flamand (*accoute'm un peo*, écoutez-moi un
peu !), et qu'elle les obtenait toujours [1].

1. Un compatriote, un Douaisien, reçu quelquefois

« (8 mars 1847)... Un chagrin très-grave vient de se mêler à mes malheurs, c'est la maladie dangereuse de M. Martin (du Nord). Il a été parfaite-

par M. Martin (du Nord), raconte que le ministre lui montrait sur la table des lettres de M^me Valmore demandant la grâce d'un, deux, trois ou quatre prisonniers à la fois ; pauvres diables compromis dans quelque grève ou mouvement quelconque. « Elle n'y va pas de main morte, » disait le ministre; et il accordait presque toujours. — A propos de ce passage de l'article, un littérateur distingué, professeur à la Faculté même de Douai, M. Colincamp, écrivait à M. Sainte-Beuve : « A Douai, nous sommes tous ravis : vous avez retrouvé tout ce qu'il y a au fond des âmes flamandes ; il n'est pas jusqu'à votre petit mot sur Martin (du Nord) qui n'aille à l'âme de ses compatriotes ; ici l'homme privé passe toujours avant l'homme public : le dernier n'est considéré que comme un acteur jouant plus ou moins bien son rôle. » — Le fragment de lettre suivant trouve naturellement sa place ici : « ... L'excellent M. Martin (du Nord), dont la vie a été bonne à tous ceux qui l'ont approché. Ce nom-là sera toujours dans ma bouche comme un éloge ment bon pour moi et d'une humanité profonde pour plusieurs prisonniers dont il m'a accordé la grâce. De plus, il a fait donner trois fois le privilége de l'Odéon à des hommes que Valmore croyait ses amis et pour lesquels il avait sollicité le ministre. Jamais je n'oublierai M. Martin (du Nord), ni ne cesserai de prier pour lui. C'est par son crédit que tu as obtenu ton humble place, après l'avoir demandée pour toi aux Invalides. Enfin je n'ai trouvé qu'en lui la grâce et la charité constante du cœur. Le malheur qui le frappe m'atteint très-sensiblement. »

On n'est pas habitué, je l'ai dit, à considérer M<sup>lle</sup> Mars par le côté du sentiment : cette femme, d'un talent admirable, passait, dans

et une prière ; depuis qu'il n'est plus, tout est fini pour nous. Lui, M. de Chateaubriand et M<sup>me</sup> Récamier ont laissé en moi autant de tristesse que de gratitude. » (Lettre de M<sup>me</sup> Valmore à son frère, du 8 octobre 1849.)

ses relations de théâtre, pour une personne
assez rude, peu indulgente aux camarades et
au prochain; mais, pour ceux qu'elle aimait,
elle était amie sûre, loyale, essentielle et positive. Ses lettres à M^me Valmore, d'un ton
vif et résolu, presque viril, la font voir sous
ce jour, — un fidèle et brave cœur, d'une
affection active, et sur qui l'on pouvait
compter; et M^me Valmore le lui rendait par
un véritable culte de reconnaissance :

« (7 avril 1847)... Cette bonne lettre me trouve
au milieu de nouvelles et vives afflictions. A peine
avais-je été frappée de la perte foudroyante de
M. Martin (du Nord), que je suis saisie de douleur
par celle de M^lle Mars, cette bien-aimée de toute
ma vie. Je l'adorais dans son génie et dans sa grâce
inimitable : je l'aimais profondément comme amie
fidèle que nos infortunes n'ont jamais refroidie. Au

milieu de sa fatale maladie, elle était encore agitée du désir de placer mon cher Valmore à Paris. — Mon bon Félix, je t'en prie, dis une prière pour cette femme presque divine. Si tu savais quelle part profonde elle a prise à mon malheur de mère, tu l'aimerais comme on aime un ange; et c'est comme telle que je la pleure. Je suis donc une femme bien désolée, mon pauvre ami!...

» Ondine est toujours à Chaillot, au milieu d'un troupeau d'enfants qu'elle instruit, ce qui nous prive de sa présence; mais elle supporte avec courage et gaieté la gravité de ses devoirs dont sa santé ne s'altère pas. C'est toujours là ma plus tendre inquiétude sur elle. Hippolyte va bien à son devoir et se fait aimer partout. C'est un brave enfant, et une intelligence très-distinguée. Il a de plus le charme d'un caractère candide, et les goûts les plus sobres. J'espère que Dieu le bénira toujours [1]...

1. Ce fils parfait, digne en tout d'une telle mère, et

» Je joins douze pauvres francs à cette lettre, en te serrant bien fraternellement la main. Si la Vierge et Notre-Seigneur me regardent en pitié, ne le sauras-tu pas un des premiers?

» Ils sont tous affreusement malheureux à Rouen[1]; mais tu souffres bien assez sans que je

qui ne lui a donné que des consolations, est devenu l'un des plus utiles et des plus méritants employés du ministère de l'instruction publique. Il y était entré en 1847, comme surnuméraire, attaché au cabinet du ministre, M. de Salvandy. L'intervention bienfaisante de Mme Récamier se retrouverait encore à cette entrée de carrière. — Quelque temps après cette nomination, un jour que Mme Récamier était en voiture avec Mme Valmore et son fils, elle dit au jeune homme, qu'elle avait vu M. de Salvandy, qu'il était au regret de ne pouvoir encore lui donner des appointements, mais qu'il le priait d'accepter une petite gratification; et elle lui remit deux cents francs. Or, c'était elle-même (on l'a su depuis) qui avait imaginé ce moyen de faire accepter un don.

1. Les autres sœurs et leurs enfants, qui étaient établis à Rouen.

te raconte toutes ces détresses. — Attendons et croyons. »

« (15 juin 1847)... Quant à moi, cher Félix, je suis tellement dénuée encore, que je n'ai pu t'écrire plus tôt, ne pouvant même affranchir ma lettre. Tu vois, mon ami, que l'attente d'une place à présent est comme une maladie étouffante. Cependant, nous avons quelque espérance ; mais, si notre bon père et maman peuvent voir d'où ils sont ce que souffrent leurs enfants, je les plains, nous aimant toujours comme ils nous ont aimés! Ce sont là des idées bien tristes, — bien consolantes aussi pourtant ; car la plus douloureuse de toutes serait de penser que nous ne sommes plus rien pour ceux que nous pleurons toujours...

» Je cherche quelque soulagement dans le travail ; mais écrire quoi que ce soit m'est impossible, car toutes mes idées retournent vers ma bien-aimée Inès, mon adorable fille absente [1].

1. Absente, c'est-à-dire morte.

» J'étudie, je tâche d'étudier, de joindre l'espagnol à la langue anglaise que je sais tolérablement. L'espagnol me plaît par l'idée que notre famille en sort du côté de la mère de papa. Qu'en crois-tu, mon ami? Mon oncle n'avait-il pas, en effet, une figure tout espagnole? Notre bonne grand'mère aussi, que je me rappelle avec tant d'amour quand nous allions la voir ensemble?

» J'ai aussi tous les souvenirs de ton séjour en Espagne, et de sa terrible conséquence, pauvre frère! Et tout cela me rend l'étude de l'espagnol plus intéressante qu'une autre, parce que je pense que tu as parlé cette langue dans ta jeunesse guerrière. »

Elle ennoblit tant qu'elle peut le passé de ce cher frère pour le relever lui-même à ses propres yeux; elle y verse de la poésie comme sur toute chose, en croyant n'y mettre que du souvenir.

Cette idée d'une descendance espagnole sourit à son imagination ; elle n'en est pas bien certaine, mais elle tâche de se le persuader, et elle convie son frère à l'aider à y croire :

« Je me suis toujours sentie attirée vers l'étude de la langue espagnole, parce que Douai est tout rempli des vestiges de cette nation. — Nous-mêmes, je crois, mon bon frère, nous en sortons du côté de la mère de mon père. Félix, souviens-toi bien : il est impossible que cette bonne grand'mère, et papa, et mon oncle Constant (*le peintre*) ne descendent pas de cette ligne dont les traits sont si différents de la race *vraie Flandre*. »

C'est miracle qu'elle puisse étudier à travers une vie si tiraillée, si morcelée. La poésie, elle du moins, venait tout seule, comme un chant, comme un soupir ou comme un cri. Pendant une nuit d'insomnie, de jour en cou-

rant, sur un quai, pendant une pluie sous
une porte cochère, dans les circonstances les
plus vulgaires ou les plus tristes de la vie,
quelque chose se mettait à chanter en elle,
et elle se le rappelait ensuite comme elle
pouvait. Mais la réalité, nous la voyons, et
la beauté morale de sa nature s'y montre à
nu en toute sincérité :

« (8 août 1847)... Mon bon frère, ton ami Devrez [1], qui va partir pour nos chères Flandres,
se charge avec plaisir de nos tendresses et d'un
petit paquet pour toi. Les temps ne sont pas venus
où je pourrai t'en envoyer plus souvent et de plus
gros. Il y a au fond de moi-même une prière inces-
sante qui demande à Dieu du bonheur qui puisse
s'envoyer à ceux que j'aime. Pour le moment, Dieu,
qui nous a éprouvés jusqu'au sang et aux larmes,
soutient miraculeusement notre vie avec ses bles-

1. M. Devrez, architecte, élevé par la ville de Douai.

sures inguérissables. — Le doux soleil, la croyance, l'amour des miens ! Aussi je vous bénis tous de l'amitié que vous me portez, et qui m'aide à subir ces blessures de l'âme...

» Je comble de vœux et de bénédictions tous ceux qui dans le passé et dans le présent ont mis au moins tes chers jours et nuits à l'abri des mauvais hasards du sort. Certes, le tien n'est pas brillant, mais les anxiétés poignantes de nos misères actuelles, celles d'Eugénie et de Cécile [1], me font quelquefois acquiescer, en soupirant, à te savoir si humblement abrité devant notre maison paternelle. Elle a été aussi, souvent, bien orageuse et bien battue à tous les vents d'épreuves. N'oublie jamais de la saluer de ma part et de me rappeler au souvenir de ma grand'mère, de notre bon père et de ma chère et gracieuse maman, poussée au loin dans un si grand naufrage [2].

1. Leurs sœurs de Rouen.
2. Le voyage à la Guadeloupe, où sa mère était allée mourir.

» Cher Félix, c'est triste et beau de se ressouvenir. C'est véritablement aimer et espérer aussi. »

A côté de ces lettres si intérieures, il faudrait relire la pièce intitulée *Tristesse*, qui est toute son enfance, et qui nous représente ses *Feuillantines* à elle :

N'irai-je plus courir dans l'enclos de ma mère ?
N'irai-je plus m'asseoir sur les tombes en fleurs ?

. . . . . . . . . . . . . . . . . .

Douce église ! sans pompe, et sans culte et sans prêtre,
Où je faisais dans l'air jouer ma faible voix,
Où la ronce montait fière à chaque fenêtre ;
Près du Christ mutilé, qui m'écoutait peut-être,
N'irai-je plus rêver du Ciel comme autrefois ?

Prose et poésie, fiction et réalité ne font qu'un en elle et se confondent. Après soixante ans d'existence comme au premier jour, elle vit en présence des êtres chers qui entouraient et protégeaient son enfance, et dont elle n'a cessé de faire les témoins invisibles, les juges et les surveillants de sa vie :

« (23 septembre 1847)... Tu réalises le pressentiment que j'ai toujours eu qu'un jour, du fond de ton humble malheur, tu entoureras ton nom de considération et d'estime. Je ne sais, après tant de douleurs, ce qui pouvait me toucher davantage. Je t'aime bien, mon bon frère, et je l'ai beaucoup éprouvé depuis que je suis au monde. — Juge si je suis contente et fière aujourd'hui de penser que tu consoles notre bien-aimé père de tout ce qu'il a enduré par un grand concours d'événements désastreux. Je ne doute pas un moment, dans ma croyance profonde, que ce bon père ne soit le témoin le plus intime de tes actions et qu'il n'ait réveillé en toi le germe de la foi religieuse à laquelle il a sacrifié l'immense héritage de nos oncles protestants.

— Je l'ai toujours béni de ce courage, comme de la misère qu'il nous a léguée pour avoir donné tout son bien aux pauvres. Il est impossible que la Vierge, qui a présidé à notre naissance dans la rue Notre-Dame, l'ait oublié : oui, Félix, c'est impossible. Elle aime en toi le fils du père des pauvres, et te donne aujourd'hui pour protecteurs ceux qui les jugent et se consacrent à eux...

»... Mais la politique empoisonne les esprits. — Moi qui pleurais de joie et de respect en traversant enfin Genève, patrie de notre grand'père paternel, on m'y a poursuivie avec ma petite famille en criant contre nous : *A bas les Français!* C'était un mouvement passager de haine [1], et j'ai passé à

1. Elle se reportait ici à un souvenir de son retour d'Italie, en 1838. La petite caravane s'en revint par le Simplon et par Genève. C'était le moment où Louis-Philippe armait contre la Suisse pour la forcer à expulser de son territoire le prince Louis-Napoléon. L'irritation patriotique contre notre nation, que l'on confondait avec son gouvernement, était extrême :

travers avec un grand serrement de cœur. Cette vie terrestre est vraiment un exil, cher frère. Encourageons-nous à la soumission. Pour moi, je t'avoue que j'en passe la moitié à genoux. Juge donc si nous avons le bonheur de revoir ceux que nous avons tant aimés ! C'est grand de penser que nous sommes les maîtres, même dans notre pauvreté, de diriger toutes nos actions du moins pour le mériter. Te relever, te grandir jour par jour; — faire rougir ou du moins attendrir ceux qui nous ont dédaignés, les rendre même fiers d'être nos alliés ou nos anciens amis, il y a encore là de quoi bénir la vie. »

Aucune des piétés, des fraîcheurs morales les plus délicates ne s'est ni fanée ni ternie un seul instant durant cette vie errante. — Et ceci encore :

« Je t'aime bien et te remercie de planter ton

c'était un mauvais signe, en arrivant dans une ville, que d'être Français.

6

nom, comme tu fais, dans l'estime de ce qui t'entoure. — Grain à grain, c'est une moisson qui ne trompe pas. Que peux-tu m'offrir de plus consolant? Aussi je te bénis au nom de mon père et de ma mère! »

Ce *grain à grain* me rappelle qu'elle disait encore, pour exprimer cette vertu de patience laborieuse, et en y mettant son humble geste de femme : « Il faut faire de la vie comme on coud, point à point. »

J'ai encore beaucoup à dire, je ne suis presque qu'au commencement. On consacre tous les jours de longues pages aux hommes soi-disant de puissance et d'action qui, bien souvent gouvernés eux-mêmes, passent pour avoir gouverné le monde, à ceux qui ont traité et souvent trafiqué des nations : pour-

quoi regarderait-on à quelques pages de plus
ou de moins, quand il s'agit de ces êtres
d'élite qui ont habité et véritablement régné
dans la sphère spirituelle, dans le monde du
cœur, et qui n'ont cessé toute leur vie de cultiver et de cueillir la fleur des meilleurs
sentiments; êtres innocents et brisés, mais qui
parlent par leurs blessures et qui apprennent
ou rappellent de douces choses, — ou des
choses amères, exprimées avec douceur, —
aux hommes leurs semblables? — Et pour
rompre un moment cette note continue, que
nous aurons pourtant à reprendre, je veux citer, en finissant cette fois, une lettre d'un tout
autre genre, toujours triste (car M<sup>me</sup> Valmore
était vouée aux tristesses), mais en même temps
d'une grâce légère, d'une engageante et toute

ravissante charité [1]. Il faut voir comme cela est dit et touché, Il s'agit tout bonnement d'un jeune musicien, fils d'une pauvre concierge, atteint de transport au cerveau, et qu'elle recommande au plus humain, au plus ami des médecins, à celui qui aurait sauvé sa chère Inès, si elle avait pu être sauvée.


## AU DOCTEUR VEYNE


« 17 août 1853.

» Il y a, rue Richelieu, n° 10, une bonne vieille concierge. Une fois je l'ai vue, et depuis ce temps je me trouve mêlée à sa triste étoile. La vôtre, mon cher Samaritain, suivra l'ordre divin qu'elle

---

1. « *Amor* volat, currit et lætatur : liber est, et non tenetur. » La lettre de M^me Valmore m'a remis en mémoire ce verset de l'*Imitation*.

a reçu d'aller verser l'huile sur toutes les blessures...

» Le fils de cette femme est très-malade, pauvre
comme sa mère, très-joli, très-musical, très-fier
et très-intelligent, — un Chatterton.

» Il a rencontré dans l'escalier une jeune ombre
qu'il a prise pour Kitty Bell, — voilà tout.

» La honte, le silence, la violence des remèdes
peut-être, ont fait que la fièvre le dévore.

» La mère a tout avoué à M^me Duchambge, qui
est venue comme une flèche pour me faire courir
après vous, — car le jeune musicien veut se tuer.
La fièvre est au milieu du front.

» Il dit qu'une araignée lui est entrée dans
l'oreille.

» Vous voyez à quel drame obscur je vous
invite. — J'ai chancelé durant bien des minutes,
pensant aux tristes offrandes que vous fait ma
reconnaissance ; mais votre cœur attire le mien,
j'y vais comme l'oiseau au soleil, — et je vous

6.

porte l'adresse du *blessé*, nᵒ 10, rue Richelieu. Je crois que vos yeux seuls feront déjà beaucoup sur cette pauvre âme qui veut partir. Il faut l'en empêcher pour sa mère : — c'est affreux, affreux de voir mourir jeune, et de rester... »

Ses deux filles étaient mortes quand elle écrivait cette lettre [1], et Ondine depuis

1. En la publiant, M. Sainte-Beuve touchait autour de lui, et parmi ses lecteurs, à des cordes vibrantes où l'amitié résonnait et devait répondre. Voici, dans son dossier, deux fragments de lettres qui ne lui étaient pas adressées, et qui, par le sentiment unanime où elles se sont rencontrées au départ, et les conclusions que chaque auteur en a tirées, ne peuvent laisser le public indifférent. — La première est écrite à quelqu'un qui voyait tous les jours M. Sainte-Beuve de bien près : « (9 avril 1869)... Cette existence si peu connue d'une femme délicate laisse un grand charme. Je comprends que ce brave Veyne ait ressenti une douce sensation en se trouvant si naturellement et si justement mêlé à cette

quelques mois seulement. C'est ainsi que

biographie voilée. Le mot du Maître le paye bien
autrement qu'en argent de tant de dévouement aux
souffrances des pauvres gens. Et certainement je
crois que, si sa carrière était à recommencer, il n'agi-
rait pas autrement. — Champfleury. » — L'autre
lettre est adressée de Lyon au docteur Veyne lui-
même par un de ses amis, M. Claude Turpault, esprit
très-élevé, mathématique et philosophique : « Le 7 mai
(1869)... Je tiens à vous dire avec quelle vive satisfac-
tion j'ai lu, dans les articles de Sainte - Beuve sur
M^me Desbordes-Valmore, la touchante lettre par elle
à vous adressée qu'il y cite, et qu'il contre-signe en
quelque sorte : c'est un bien précieux témoignage, et
vous l'avez mérité ! — Je désirerais bien (et beaucoup
d'autres sans doute avec moi) que ces beaux articles
soient réunis en livret par Sainte-Beuve. Il a été vraiment disciple de Jésus, plus que ses intolérants col-
lègues, les B... (un cardinal-archevêque) et les D...
(un membre de l'Institut, sénateur), en louant avec
tant de sympathie et de délicatesse cette femme si
humble par le rang, si grande par la tendresse et par

M^me^ Valmore se consolait ou se vengeait de

la piété. — C'est, avec une autre application, le
même esprit qui l'a inspiré lorsqu'il a flétri, dans
Talleyrand, les vénalités du temple politique... » Un
mot encore qui résume en un sentiment général l'impression laissée par la lecture de ce second article, et
qui répond à un scrupule de la fin. Je l'emprunte à la
lettre d'un aimable et savant homme, M. Ch. Ritter,
traducteur de Strauss, qui écrivait de Morges à
M. Sainte-Beuve, le 13 avril 1869 : « ... Il ne peut rien
y avoir de plus attachant et de plus sérieux que ces
lettres qui nous font entrer dans l'intimité d'une existence toute simple, d'une vie qui par là même ressemble
à la vie de la plupart. Et à cet inappréciable attrait de
réalité se joint ici une fleur de poésie et de sentiment,
une délicatesse toute féminine de charité, une beauté
morale ravissante, mais toute naturelle; toute *humaine,*
sans rien d'ascétique et de forcé. Par là ce portrait me
paraît plus touchant et plus édifiant encore que les plus
belles figures de Port-Royal... Ceux qui aiment par-
dessus tout ces révélations intimes, ce spectacle des
plus humbles destinées individuelles où la poésie et

ses maux inconsolables, en compatissant à

l'idéal sortent de la réalité la plus positive, — ceux-là
vous doivent une reconnaissance d'autant plus vive...
Tant de gens ne s'inquiètent que de ce qui brille, de ce
qui fait du bruit ou du tapage... » — « Une seule chose
m'étonne, écrit quelqu'un (une main de femme qu'une
grande amitié a liée à M^{me} Valmore), c'est qu'on
puisse faire un choix dans ces lettres si ravissantes
de bonté, de sensibilité, d'ignorance de sa propre
valeur qui donne tant de prix à ces richesses morales. Mon Dieu! que notre chère évanouie laisse
loin derrière elle tout ce qui a martelé des vers!
Quelle indigence même chez ceux qui se sont crus les
plus riches! J'avais toujours pensé qu'elle n'était pas
un poëte, mais la poésie même incarnée dans une trop
frêle enveloppe, hélas!... » — Et à ce seul point de
vue du talent littéraire et poétique, qui se révèle en tout
ce qui s'échappait de sa plume, vers ou prose, qu'on
me permette de joindre encore un dernier témoignage,
comme appréciation de cet art exquis et naturel qu'elle
portait en elle. M. le professeur Fée, de la Faculté de
médecine de Strasbourg, poëte lui-même, de qui l'on a

toutes les douleurs pareilles, en se fai-

des vers doucement mélancoliques, et pleins d'espérance, sur la mort même de la Muse dont le souvenir
réveillait tant d'échos et rallumait tant de sympathies,
écrivait à M. Sainte-Beuve, lorsque parut ce second
article : « (Strasbourg, le 9 avril 1869.) Monsieur,
M^{me} Desbordes-Valmore, que vous nous faites aimer,
a mérité par ses œuvres de constituer un genre
nouveau, le genre *plaintif,* toutefois en prenant cette
expression en bonne part. C'est un talent naturel,
lors même qu'on serait parfois tenté de croire à
quelque recherche. Il semble que ses vers sont
tombés de sa plume sans nul effort, comme les
mots d'une bouche éloquente... C'est par là que
M^{me} Valmore me paraît digne d'occuper une des
premières places parmi les femmes-poëtes de ce
siècle. Les beaux vers ne sont pas rares, mais on
croirait que la plupart ont été dictés plutôt par l'esprit
que par le cœur. Ne devoir à l'art que la forme et
sentir naître en soi l'inspiration sans la chercher,
rien n'est plus rare, et M^{me} Valmore avait en elle
cette merveilleuse faculté... » Telle elle était dans

sant la sœur de charité des plus petits.

ses vers, telle on l'a vue dans ses pages les plus intimes, dans les lignes qu'elle ne réservait pas au public, dans sa prose la moins travaillée, dans une lettre à un ami.

On ne peut tout dire à la fois, et, quand on
a exprimé les traits principaux d'un caractère,
on s'aperçoit presque aussitôt qu'on en a omis
d'autres qui les corrigent, qui les complètent
et qui doivent entrer aussi pour une part
essentielle dans le portrait vivant de la personne. Mme Valmore, née dans la classe du
peuple, était restée un âme plébéienne ; mais
elle l'était sans prévention, sans parti pris,

sans mettre sans cesse en avant ce qui divise
et ce qui sépare. Dans ses relations de l'ordre
princier (car elle en eut), il en était une toute
de comédie et de sourire, et qu'on ne saurait
compter : je veux parler de la familiarité du
prince Florestan de Monaco, celui qui régnait
en ce temps-là, homme excellent et faible,
grand ami du théâtre et des comédiens, flatté
de l'incognito, qui exigeait quand il venait
chez elle qu'on l'appelât *M. Grimaldi*, qui
me demandait sérieusement un jour : « Ne
trouvez-vous pas, monsieur, que la meilleure
histoire de France est celle de Pigault-Lebrun? » et de qui elle écrivait à une amie :
« Vous savez que j'aimais et que j'aime
sincèrement ce prince, le plus innocent qui
ait porté ce nom. » Mais il ne s'agit pas ici de

princes travestis ni de roi d'Yvetot. M^me Valmore eut réellement accès auprès de vraies puissances, et il faut voir comme elle en agit avec elles et comme elle sut en user.

Elle avait beaucoup connu, à partir de 1836, M. Antoine de Latour, précepteur d'abord, puis secrétaire des commandements du plus jeune fils de Louis-Philippe, le duc de Montpensier. Sorti de l'Université, M. de Latour était par nature encore plus poëte que professeur. Il s'intéressa fort aux vers de M^me Valmore et par suite à sa destinée, car jamais poëte n'offrit à ce degré l'identité de sa poésie et de sa vie. Avant d'écrire sur elle un article à la *Revue de Paris*, il désira savoir quelques détails de son passé, de ses prédilections littéraires, de ce qu'il appelait l'éducation de sa pensée et la formation de son talent. Elle était alors absente de Paris. La lettre par laquelle elle répondait ou s'excusait de ne pas répondre à ses questions, nous la peint trop bien pour ne pas être citée :

« Lyon, 15 octobre 1836.

» ... M<sup>me</sup> Tastu, modèle des femmes, qui a été assez bonne pour pénétrer quelquefois dans ma vie obscure, ne vous a-t-elle pas dit, monsieur, à quel point je suis demeurée étrangère, par ma vie errante et retirée tout ensemble, à toute relation littéraire, aux publications brillantes dont je n'ai pu faire mes études ni mes délices? Les détails que vous me demandez sur une vie si mobile et si cachée se réduisent à bien peu. J'ai la fièvre et je voyage. Ma vie languit où Dieu le veut : je marche à l'autre en tâchant d'y bien conduire mes enfants.

J'aurais adoré l'étude des poëtes et de la poésie : il a fallu me contenter d'y rêver comme à tous les biens de ce monde. Je quitte Lyon dans quelques mois avec toute ma famille sans savoir encore où je vais emporter leur existence et la mienne, qui semblait ne devoir pas résister à tant d'agitations et qui résiste pourtant. Cette frêle existence, monsieur, s'est glissée comme à regret sur la terre au son des cloches d'une révolution qui devait la faire tourbillonner avec elle. Née à la porte d'un cimetière, au pied d'une église dont on allait briser les saints, mes premiers amis solitaires ont été ces statues couchées dans l'herbe des tombes. Pour ne pas appuyer plus longtemps sur des souvenirs pleins de charmes pour moi, mais trop longs pour vous, je joins ici *la Maison de ma mère* [1], où mon cœur a essayé de répandre cette passion malheureuse et charmante du *pays natal*, quitté violemment à dix ans pour ne jamais le revoir... J'ai peur de cela.

1. Une pièce du recueil intitulé *Pauvres Fleurs*.

Vous ne pourriez donc écrire sur moi, monsieur, quelque bienveillant que vous soyez, sans me révéler comme une bien ignorante et bien inutile créature. Quelques chansons méritent-elles que l'on s'occupe de moi, et que l'on m'admette au livre de la science? Monsieur, je ne sais rien, je n'ai rien appris. Depuis l'âge de seize ans, j'ai la fièvre, et ceux qui m'aimaient un peu m'ont pleurée plusieurs fois comme morte, tant je leur paraissais peu vivante ! J'ai été longtemps étonnée et plaintive de souffrir ; vivant très-solitaire, bien que d'une profession frivole *à l'extérieur*, je croyais tous les autres heureux ; je ne pouvais me résoudre à ne pas l'être. Je sais à présent que les autres souffrent aussi : j'en suis devenue plus triste, mais beaucoup plus résignée. Ma pitié a changé d'objet, et mes espérances ont changé de lieu. Elles montent plus haut... Je tâche d'y monter... ».

On aura remarqué la manière dont elle

parle de M^{me} Tastu, avec quel sentiment pénétré, quel respect pour ses qualités régulières et pour ce mérite de femme qui a eu dans sa jeunesse quelques notes poétiques si justes et si pures. J'y joindrai les deux passages suivants, tirés également des lettres à M. de Latour : ils seront désormais inséparables du nom de M^{me} Tastu; le souvenir auquel elle a droit dans la série des femmes-poëtes et son médaillon définitif nous y sont donnés en quelques mots :

« Lyon, 7 février 1837.

» ... Je vous ai dit ma pensée sur M^{me} Tastu : je l'aime d'une estime profonde. C'est une âme pure et distinguée, qui lutte avec une tristesse paisible contre sa laborieuse destinée. Son talent est comme sa vertu, sans une tache. Je lui ai fait des vers, ils sont là depuis deux ans ; je n'ai pas osé les lui envoyer. Je suis tout anéantie devant ces charmantes célébrités, et, quand j'entends mon nom sonner après les leurs, Dieu seul sait ce que je deviens dans le tremblement de mon cœur... »

Et dans une lettre de Paris du 23 décembre 1837 :

« Je ne perds à la solitude que je quitte qu'une sorte de voisinage avec M^me Tastu. Je l'aime ; je la trouve souffrante et jamais moins courageuse. Douce femme que je voudrais oser nommer *sœur* [1] ! »

1. M^me Tastu écrivit à M. Sainte-Beuve, après la lecture de ces passages qui la concernaient : « (Paris, 19 mai 1869.) Monsieur, dans la retraite à laquelle m'obligent mon âge et ma santé, c'est seulement depuis peu de jours que j'ai eu connaissance de vos excellents articles sur M^me Desbordes-Valmore. Je vous dois un double remercîment pour m'avoir fait connaître le jugement que portait de moi cette femme distinguée, dont le talent et la personne m'ont toujours

M. de Latour, en excellent professeur qu'il était et nourri aux sources classiques, avait remarqué dans les vers de M^{me} Valmore des

inspiré l'admiration la plus sincère et la plus vive sympathie, et pour avoir sanctionné ce jugement de votre autorité... Indifférente aujourd'hui à la publicité..., je ne le suis point à l'estime affectueuse de quelques nobles âmes, à l'approbation de quelques esprits d'élite. — Je vous dois donc, monsieur, une très-douce émotion... » — M. Sainte-Beuve a composé un dernier article sur M^{me} Tastu, — et ç'a été le dernier travail qu'il ait pu achever, et dont il n'a pas vu la publication, — pour l'un des volumes de *Galerie de Femmes* que l'on réimprimait sur la fin de 1869 (chez MM. Garnier frères, éditeurs). On y lit une bien belle et touchante lettre, où M^{me} Tastu raconte elle-même, d'un accent poétique et spirituel, l'odyssée de sa vie, — une véritable odyssée pleine de péripéties et de tristesses : l'expression de courage ressort naturellement de cette lecture, non exempte d'une certaine teinte de gaieté, la gaieté de la résignation.

négligences, des faiblesses, ou même peut-être
des préciosités d'expression, des semblants de
recherche, qui pouvaient nuire quelquefois
à l'effet d'une inspiration toujours sincère.
Il entreprit de l'en avertir, d'abord d'une
manière générale, à la fin de son très-gracieux
article de la *Revue de Paris* (18 décembre
1836), ensuite plus en détail par lettres. Elle
lui en sut un gré infini, et elle l'en remerciait
en des termes qui montrent une fois de plus
son humilité et sa façon, à elle, de dire et de
sentir toute chose comme personne autre :
cette originalité, même avec ses fautes, ne
vaut-elle pas de plus correctes beautés?

« Lyon, 7 février 1837.

» ... Vous êtes ingénieux à cacher les fautes ou à
leur créer des excuses, et j'en ai pleuré de recon-

naissance, car tout ce que j'écris doit être, en effet, monstrueux d'incohérence, de mots impropres et mal placés. J'en aurais honte si j'y pensais sérieusement ; mais, monsieur, ai-je le temps ? Je ne vois âme qui vive de ce monde littéraire qui forme le goût, qui épure le langage. Je suis mon seul juge, et, n'ayant rien appris, comment me garantir ? Une fois en ma vie, mais pas longtemps, un homme d'un talent immense m'a un peu aimée, jusque-là de me signaler, dans les vers que je commençais à rassembler, des incorrections et des hardiesses dont je ne me doutais pas. Mais cette affection clairvoyante et courageuse n'a fait que traverser ma vie, envolée de côté et d'autre. Je n'ai plus rien appris, et, vous le dirai-je, monsieur ? plus désiré de rien apprendre. Je monte et je finis comme je peux une existence où je parle bien plus souvent à Dieu qu'au monde. C'est là ce que vous avez compris et avec quoi vous me défendez contre le *goût* que j'ai si souvent et si innocemment offensé : qui remplira

jamais cette tâche comme vous venez de le faire ?
pas moi, pas même en l'essayant de toutes mes
forces; car il faudrait pour ma justification redes-
cendre dans des temps qui me font peur à repasser.
Vous en avez eu le courage tranquille, et je vous
écoutais vraiment comme je ferais au jugement
dernier... Je vous écoutais, monsieur, car on a lu
devant moi votre analyse de ces livres imparfaits,
inutiles même, si quelque chose l'est sur la terre,
et que vous avez lus patiemment en y appuyant
votre pensée et votre âme pour en extraire quelque
chose à aimer, à louer et à plaindre !...       -

» Si je vous vois un jour comme je le souhaite
vivement, aurez-vous la patience et la courageuse
franchise de m'apprendre ce qui est mal et ce qui
est bien dans un style que je ne sais pas juger moi-
même ! Oui, vous m'éclairerez, si je peux l'être, et
vous verrez si je mérite, au moins par ma sincérité,
d'obtenir le premier et le plus rare des biens, la
vérité ! »

Et dans une lettre de Paris, 20 novembre 1837 :

« Marquez-moi vos *répulsions* dans les vers que je viens d'écrire pour vous. Je n'y vois pas clair. Un peu de lumière, s'il vous plaît ! »

Enfin, dans une autre lettre du 23 décembre 1837 :

« Je sors encore une fois de mes brouillards pour essayer de vous atteindre. J'ai pensé que la meilleure façon de vous remercier de vos avis, c'était d'en profiter, et partout où j'ai pu, j'ai passé votre lumière, j'ai rectifié une partie des fautes signalées. Pas toutes pourtant ; car celle de l'irrégularité des vers et de leur arrangement tantôt par deux masculins, tantôt par deux féminins et, après, entremêlés à ma fantaisie, je ne peux plus les déplanter sans briser les pensées qu'ils traduisent. Seulement, pour l'avenir, j'y prendrai une sérieuse attention...

*(Suivaient des points de détails et des exemples d'endroits qu'elle avait corrigés.)*

» Je ne vous transcris pas tout ce que j'ai essayé de purifier. Si jamais ce volume nouveau trouve une place, — la place d'une goutte d'eau dans la mer, — vous le lirez tout entier inédit; n'est-ce pas, monsieur? vous me l'avez promis. »

M. de Latour était pour M<sup>me</sup> Valmore tout autre chose encore qu'un conseiller critique : c'était par sa position et son caractère un intercesseur et un canal des grâces; homme affectueux et sensible qui pratiquait la poésie à la cour, traducteur de Silvio Pellico, qui s'était accoutumé à penser et à sentir comme Pellico. Ayant une fois éprouvé sa bonté réelle, elle ne se faisait pas faute de recourir à lui en toute rencontre. A Lyon, où elle

habitait alors, elle était à la source des douleurs et des misères, — Lyon « la ville
flagellée », comme elle l'appelait; elle lui en
représentait vivement le tableau :

« Lyon, 7 février 1837.

« ... Mon sort a été d'une rigueur ces derniers
temps à ne pas me laisser reprendre haleine. Jugez : toutes les misères à Lyon passant à travers la
mienne; vingt, trente mille ouvriers cherchant jour
par jour un peu de pain, un peu de feu, un vête-
ment pour ne pas tout à fait mourir. Comprenez-
vous, monsieur, ce désespoir qui monte jusque sous
les toits, qui heurte partout, qui demande au nom
de Dieu et qui fait rougir d'oser manger, d'oser
avoir chaud, d'oser avoir deux vêtements quand ils
n'en ont plus? je vois tout cela, et j'en deviens
pauvre... »

En 1834, ç'avait été bien pis, à l'époque de

la grande insurrection ouvrière et républi-
caine dont elle avait été témoin et dont elle
s'était sentie comme victime. Elle avait, à
cette date, adressé une espèce de cantique à la
reine Marie-Amélie au nom des femmes et des
mères : cette complainte touchante a été im-
primée dans *Pauvres Fleurs*, mais elle a un certain air de ballade du temps jadis, du temps
de la reine Blanche; le poëte s'y déguise en
trouvère. Ce qui avait un tout autre caractère et bien autrement poignant, ce sont les
stances suivantes, écrites sous l'impression
même de l'atroce spectacle qu'elle avait sous
les yeux, et qu'offre dans tous les temps, —
à l'époque de la Ligue, comme à la nôtre, —
le cynisme des guerres civiles. J'ai déchiffré
ces vers inachevés dans ses cahiers de brouil-

lons, et je les en tire tels que je les y ai trouvés, en lambeaux comme le sujet même. Mais quels cris! quelle indignation! Il n'y a de pitié vraiment courageuse et virile que celle qui a ainsi traversé l'indignation et qui est capable au besoin de pareils accents, arrachés des entrailles. Voici donc la page, qui est comme un feuillet déchiré des *Tragiques* de d'Aubigné :

LYON, 1834.

Nous n'avons plus d'argent pour enterrer nos morts
Le prêtre est là marquant le prix des funérailles,
Et les corps étendus, troués par les mitrailles,
Attendent un linceul, une croix, un remords.

Le meurtre se fait roi. Le vainqueur siffle et passe.
Où va-t-il? — Au Trésor, toucher le prix du sang.
Il en a bien versé... mais sa main n'est pas lasse ;
Elle a, sans le combattre, égorgé le passant.

Dieu l'a vu. Dieu cueillait comme des fleurs froissées

Les femmes, les enfants qui s'envolaient aux cieux.

Les hommes..., les voilà dans le sang jusqu'aux yeux.

L'air n'a pu balayer tant d'âmes courroucées [1].


Elles ne veulent pas quitter leurs membres morts.

Le prêtre est là marquant le prix des funérailles,

Et les corps étendus, troués par les mitrailles,

Attendent un linceul, une croix, un remords.

. . . . . . . . . . . . . . . . .


## DES FEMMES

Prenons nos rubans noirs ! Pleurons toutes nos larmes ;

On nous a défendu d'emporter nos meurtris [2] ;

1. Ce vers me rappelle celui de d'Aubigné exprimant les massacres de la Saint-Barthélemy et cette buée de sang qui s'exhale des carnages.

A l'heure que le ciel fume de sang et d'âmes.

L'un et l'autre vers, qui se rencontrent dans une même image, sont tout simplement sublimes. .

2. *Meurtris* pour *tués, assassinés*. Ainsi dans *Athalie*,

Ils n'ont fait qu'un monceau de leurs pâles débris :
Dieu ! bénissez-les tous : ils étaient tous sans armes.

Il ne faut pas demander à M^{me} Valmore, je l'ai dit déjà, une suite bien logique d'idées ni aucun système ; son cœur la guidait en tout, sa charité la transportait [1].

Joad s'adressant aux lévites (acte V, scène VI) :

Allez, sacrés vengeurs de vos princes meurtris !

1. Le poëte d'ailleurs n'avait rien exagéré. Je trouve dans une lettre de ce temps-là, adressée par un père à son fils âgé de quatorze ans, un tableau des mêmes scènes, qui est une pièce poignante à l'appui. Disons-nous qu'aucun régime, hélas ! n'est exempt ni pur de semblables calamités et n'a droit de jeter la pierre à l'autre. Chacun a eu ses rues Transnonain. Puisse l'humanité arriver un jour à triompher parmi les hommes

« Lyon, ce 16 avril 1834.

» Mon cher enfant,

» Que je voudrais que ta raison fût assez mûre pour

Ayant eu à son retour de Lyon à Paris
une première obligation à M. de Latour, elle

peser à leur juste valeur les horribles événements dont
nous venons d'être témoins et te servir de règle pour
l'avenir ! Nous qui sommes sur le théâtre même des
scènes qui viennent d'avoir lieu, nous ne pouvons nous
former une opinion vraie des causes qui les ont provo-
quées. Quelles qu'elles soient, les résultats n'en sont
qu'affreux et sans avantage pour un parti quelconque.
Si vous croyez que les républicains ont fait ce mouvement, vous voyez au petit nombre des combattants que le
parti était bien minime, et les chefs de ce parti ont
abandonné leurs coreligionnaires, sous prétexte qu'ils
hâtaient une révolution qui manquait encore de matu-
rité. D'autres vous disent que les carlistes, voulant opérer la leur en faveur de Henri V, avaient soudoyé des
gens du peuple qui se couvraient du voile du républi-
canisme. Entendez-vous les partisans de Louis-Philippe,
ils disent que ce ramas de révoltés était composé de
vagabonds, de forçats libérés, engeance dont cette ville
abonde. Ce qu'il y a de certain, le voilà : des maisons
écroulées, d'autres incendiées et brûlant dans leurs

s'en autorisa, quelque temps après, pour venir lui recommander un poëte-ouvrier de

murs; les mères éplorées qui voulaient se sauver des flammes, leurs enfants dans leurs bras, et que le soldat dans sa fureur repoussait par des coups de feu. Ceci n'est pas du drame fait à plaisir : c'est de l'histoire toute fraîche et toute saignante de vérité. Des pères de famille égorgés au milieu de leurs enfants, parce que des malfaiteurs avaient tiré à leur insu de dessus leur toit ; des rues entières saccagées ; du sang et des morts, voilà tout ce qui reste : du deuil, des larmes, et la ruine d'un grand nombre de familles...

» Mon cher enfant, jette-toi avec ardeur dans les arts ou dans les sciences : avec eux, jamais de remords...»

(L'honnête homme qui parlait ainsi n'est autre que M. Valmore écrivant à son fils Hippolyte, alors en pension à Grenoble.) — Lorsque cet article parut dans *le Temps*, il s'éleva à Lyon une polémique dans le journal *le Salut public* (nº du 7 juin 1869), au sujet de ces souvenirs sanglants et néfastes de l'insurrection de 1834. M. le colonel en retraite Bernady, qui avait été sous-lieutenant au 7e dragons, en garnison à Lyon,

Rouen, de son métier imprimeur sur toile et rimeur dans les mortes saisons. Cet honnête

lorsque éclata l'effroyable émeute, écrivit de son lieu de retraite, Sérézin-du-Rhône (Isère), à M. le directeur du *Salut public* pour récriminer contre les vers de M^{me} Valmore et l'article de M. Sainte-Beuve, auquel ce journal avait emprunté la partie relative aux événements de Lyon. M. le colonel Bernady proteste, en sa qualité de témoin ayant pris part au combat, contre les vers que cite M. Sainte-Beuve, contre la lettre sincère qu'on vient de lire, et il en arrive à faire une querelle à M. Sainte-Beuve pour n'avoir pas présenté autrement le tableau des faits, et dans un sens purement favorable à l'armée. Il lui reproche, en un mot, et pour résumer le sens de sa lettre, d'avoir trop pris parti pour l'émeute. On voudra bien remarquer, au contraire, que M. Sainte-Beuve, dans tout ce qui précède, n'a eu d'autre idée que de dépeindre, avec des scènes qu'il trouvait toutes crayonnées, des cris inspirés et des traits d'après nature , le hideux spectacle de ce que, tout à l'heure, il nommait lui-même le *cynisme* des guerres civiles : et par son appel final au triomphe de

homme modeste, de santé chétive, qui trouva
protection en haut lieu et autour de lui,

*l'humanité parmi les hommes*, et à un idéal avancé de
civilisation, que nous ne paraissons pas près d'atteindre,
hélas! il élève la question autant que possible au-dessus
de tout chauvinisme de camp ou de parti. — La lettre
de M. Bernady appela une réplique sage et sensée,
le lendemain (n° du 10 juin), de M. Alexandre Bret,
ancien rédacteur du journal lyonnais *le Précurseur*, et
qui avait été témoin, lui aussi, des funestes *journées
d'avril* 1834. M. Bret rappelle le motif (toujours le
même dans la grande cité industrielle, la question du
salaire des ouvriers en soierie) qui amena la première
insurrection de Lyon en 1831, où l'armée fut battue et
dut opérer une retraite sous la fusillade des ouvriers à
travers le faubourg de Bresse, ce qui, selon le mot of-
ficiel et authentique qui circula alors, appelait, de la
part des autorités, une *revanche.* Elles la prirent en
1834. M. Alexandre Bret termine ainsi sa lettre, et
M. Sainte-Beuve, s'il lui eût été donné de se justifier
lui-même des attaques de M. le colonel Bernady, n'aurait pas voulu d'autre conclusion pour sa propre dé-

Théodore Lebreton, devint sous-bibliothécaire à la bibliothèque de la ville, à Rouen. En adressant ses Essais à M. de Latour, avec une demande de souscription, M^me Valmore débutait par cet apologue à la manière du poëte persan Saadi, dont elle avait lu quelque chose et que, disait-elle, elle adorait :

« Monsieur,

» Il est dit dans un livre qu'un pauvre oiseau jeté à terre et roulé dans le vent de l'orage fut re-fense : « ... Je n'ai jamais pu comprendre, écrit M. Bret, que les militaires vainqueurs aient pu faire une froide hécatombe des trente ou quarante ouvriers qui s'étaient réfugiés dans l'église Saint-Bonaventure, et criaient à genoux : « Grâce! grâce! » — Le respect même du lieu saint n'en sauva pas un seul! — Si le très-honorable colonel avait réfléchi à ce sanglant épi-sode, il eût été certainement moins sévère pour la muse de M^me Desbordes-Valmore ! »

levé par une créature charitable et puissante, qui lui remit son aile malade comme eût fait Dieu lui-même; après quoi, l'oiseau retourna où vont les oiseaux, au ciel et aux orages.

» Le guérisseur n'ouït plus parler de lui et dit :

» — La reconnaissance, où est-elle?

» Un jour, il entendit frapper vivement à sa fenêtre et l'ouvrit. Dieu lui répondait. L'oiseau lui en ramenait un autre, blessé, traînant son vol et mourant.

» Sur quel cœur l'image de la créature qui rève était-elle mieux gravée que sur ce cœur qui semblait absent?... »

C'est ainsi que le poëte présentait de la plus gentille façon un autre poëte. Heureusement que c'était à un poëte lui-même qu'elle l'adressait; car il se trouva que la Préface, mise en tête de ces humbles Essais, et qui

n'était probablement pas de l'auteur des vers,
se ressentait plus qu'il n'aurait fallu de l'existence de prolétaire à laquelle elle se ratta-
chait, et avait un certain goût de doctrines
sociales réputées dangereuses. Qui fut étonné?
ce fut M^{me} Valmore, quand M. de Latour l'en
avertit avec douceur :

« Je ne sais vraiment pas ce qu'il y a de mal
dans cette Préface dont l'ouvrier est innocent
comme moi-même. On me l'avait dite élégamment
simple et vraie. A ce titre, je vous l'avais signalée.
Merci de n'avoir vu que l'ouvrier souffrant à travers
des *tendances* que j'ignore. »

Dans cette relation affectueuse et délicate
qu'elle entretenait avec M. de Latour, j'aurais
à indiquer encore bien des recommandations,
des intercessions pressantes dont elle se fai-

sait l'organe, quelques paroles de vive et respectueuse doléance pour la reine Marie-Amélie au moment de la mort du duc d'Orléans; et encore, auparavant, un autre cri impétueux de demande en grâce au lende-·main de la condamnation à mort qui frappait le principal chef de l'insurrection du 12 mai 1839 :

« Oh! monsieur, pour l'amour du roi et de la reine, ne laissez pas faire une telle chose. Parlez, demandez grâce. — Vous ne savez pas ce que ce sang-là coûterait. Monsieur, je serre vos mains et je vous conjure pour cette auguste mère si bonne, que la grâce vienne d'en haut et qu'elle soit prompte. Ma prière et un témoignage d'amour pour la reine et d'une estime profonde dans votre caractère.

» Votre plus humble et attachée servante.

» MARCELINE VALMORE.

» 13 juillet 1839. »

Cette date nous indique Barbès, condamné la veille par la Cour des pairs. Tant il est vrai que, quand il s'agissait d'implorer pour d'autres et de crier grâce, elle ne s'y épargnait pas. « Elle n'y va pas de main morte, » disait d'elle M. Martin (du Nord), quand elle. lui faisait coup sur coup deux ou trois de ces demandes à la fois.

On peut dire qu'elle avait reçu de la nature ou du ciel une vocation et comme une grâce spéciale pour la délivrance et le service des prisonniers. C'était pour elle un culte et qui avait commencé dès l'enfance. Toute petite, dans la vallée de la Scarpe, ayant aperçu à la haute tourelle d'un donjon un vieux prisonnier qui lui avait tendu les bras, elle était partie à pied le jour même avec son frère pour aller à Paris chercher *la liberté* qu'on lui avait dit résider là-bas pour ce captif. On les ramena le soir tous les deux à leur mère inquiète, qui ne savait ce qu'ils étaient devenus. Elle fut fidèle toute sa vie à cette première aventure et légende de son enfance : tout prisonnier, n'importe le parti et la cause, tout captif lui était sacré. Elle adressa des vers en 1834 à M. de Peyronnet, prisonnier à Ham. — Elle en adressa d'autres plus tard à un autre prisonnier de Ham — au prisonnier seulement. A Lyon, elle visitait souvent dans les prisons de Perrache les détenus enfermés là à la suite des différentes affaires et émeutes de Lyon. Elle exerçait sur eux sa puissance sympathique et son don de consolation, servie par une voix qui devenait

maternelle pour les humbles, fraternelle pour
les autres malheureux. Un être souffrant lui
était présenté par son malheur même. Si, pour
ses communications spirituelles et dans ses
prières, elle n'employait pas entre Dieu et
elle de fondé de pouvoir, elle entrait volontiers en relation avec un prêtre dès qu'il s'a-
gissait de secourir et de se concerter pour une
délivrance. Mais nulle part ses paroles émues,
ses chants d'oiseau plaintif et ses battements
d'ailes ne se portèrent plus souvent ni plus ar-
demment qu'aux grilles du château de Doullens, où cette singulière république de 1848,
qui trouva moyen de canonner, d'emprisonner
ou de déporter tous les vrais républicains,
ne laissant guère à sa tête que des royalistes,
avait renfermé l'opiniâtre et indomptable

citoyen Raspail. M^me Valmore, qui, en dehors de toute question politique, ne voyait en lui qu'un bienfaiteur du peuple et un martyr humanitaire, ne cessa de le suivre de sa pensée et de ses vœux dans l'exil et le bannissement. L'amitié austère et attendrie qu'elle inspira à cette stoïque nature est un des triomphes de son doux génie. Nous y reviendrons avant de finir, heureux d'en pouvoir citer de précieux témoignages [1].

J'ai hâte de retourner à la correspondance

1. Ce passage valut à M. Sainte-Beuve le respectable billet suivant, qui a conservé son cachet noir avec la devise, honneur de la carrière de M. Raspail, *Vincula decora*, entourée de chaînes : « Monsieur, merci de votre courage; tous les libres penseurs n'ont pas obtenu de leur vivant de semblables souvenirs. — F.-V.-Raspail. — Arcueil-Cachan, 7 mai 1869. »

intime et de famille, qui me sera une occasion naturelle de placer, chemin faisant, quelques dernières remarques sur le caractère et l'âme de cette personne de douleur et de tendresse En reprenant les lettres par elle écrites à son frère de Douai à la date où je les ai laissées, nous retrouvons les gênes obscures, les humbles misères consolées, et tout d'abord cette modique pension qu'elle touchait auparavant avec une sorte de pudeur, mais qu'elle appelle maintenant comme un bienfait :

« (26 obtobre 1847)... Il y a deux jours enfin j'ai reçu le trimestre qui me semblait autrefois si pénible à recevoir, par des fiertés longtemps invincibles, et que j'ai vu arriver depuis d'autres temps comme si le ciel s'ouvrait sur notre infortune...

» Ne nous laissons pas abattre pourtant, il faut moins pour se résigner à l'indigence quand on sent avec passion la vue du soleil, des arbres, de la douce lumière et la croyance profonde de revoir les aimés que l'on pleure...

» En ce moment, je n'obtiendrais pas vingt francs d'un volume : la musique. la politique, le commerce, l'effroyable misère et l'effroyable luxe absorbent tout...

» Mon bon mari te demande de prier pour lui au nom des pontons d'Écosse. C'est un beau titre devant Dieu. »

« (12 janvier 1848)... Ondine est toujours esclave dans un pensionnat. Quand je veux l'embrasser, il faut que j'y aille. J'y vais tout à l'heure par ce soleil qui luit si rarement, et je t'embrasse pour elle, très-travailleuse et très-bonne. C'est un rude métier que le sien ; mais, mon bon Félix, nous n'avons pas de dot pour nos anges ; et la grâce, l'esprit, la sagesse, qu'est-ce que cela pour l'époque où nous sommes? »

Le caractère d'Ondine était une des préoccupations de sa mère. Il y avait, entre elles deux, différence de nature et d'habitudes. La raison parfois silencieuse d'Ondine avait un air de blâme tacite pour les soins et les effusions que sa mère se montrait prête à prodiguer journellement à quiconque la sollicitait. Ondine suivait sa ligne de vie à part, en amitié, en étude. Sa mère l'appelait « notre charmante lettrée », indiquant par là qu'elle la croyait plus savante qu'elle. Aux vacances précédentes, elle n'avait pu jouir qu'à peine de sa présence, ce dont elle se plaignait doucement dans ce passage d'une lettre à M. Richard, de Rouen, mari de sa nièce :

« (22 août 1847)... Ondine a donné à notre tendresse vingt-quatre heures de ses vacances après un esclavage qui l'avait *ahurie*; puis elle est partie, il y a trois jours, pour Tarare, afin de dormir, de prendre l'air de la montagne tout son saoul. Je n'ai pas opposé un mot à cette résolution, la voyant très-lasse et n'ayant à lui offrir qu'un espace assez étouffé, et moins que jamais de cette gaieté calme qui convient au bien-être moral et à la santé d'une jeune fille. Je sais par une triste expérience que ces jeunes et tendres âmes ont besoin de bonheur ou de le rêver, et que leur première nourriture doit être une indulgence inaltérable. Vous savez d'ailleurs que tous les rêves de cette aimable Ondine sont *si hauts* et si purs, que l'on peut du moins y sacrifier en toute sûreté la joie de sa présence. En jouir sans qu'elle y trouve du plaisir serait de plus une jouissance bien incomplète, et je ne me sens pas l'énergie d'aimer pour moi-même. Je ne peux, en vérité, mon bon Richard, ressentir le moindre bonheur que celui des autres ; le mien est brisé... »

La tempête de février 1848 éclate. M^me Valmore ne peut s'empêcher d'y applaudir ; elle ne se raisonne pas, elle suit son élan, elle sent à la manière du peuple ; elle a, je l'ai dit, l'âme populaire. La raison froide, la connaissance et la prévoyance des faits généraux, ne les lui demandez pas. Elle était de tout temps pour les souffrants et les opprimés ; elle est pour eux encore le jour où elle se figure que le peuple triomphe et se délivre ; elle a son hymne du lendemain : c'est à son frère Félix qu'elle l'adresse :

« (1^er mars 1848).. L'orage était trop sublime pour avoir peur ; nous ne pensions plus à nous, haletants devant ce peuple qui se faisait tuer pour nous. Non, tu n'as rien vu de plus beau, de plus simple et de plus grand. Mais je suis trop écrasée d'admiration et de larmes pour te rien décrire. — Ce peuple adorable m'aurait tuée en se trompant, que je lui aurais dit : « Je vous bénis. » Ne confie cela qu'à la Vierge, car c'est vrai comme mon amour pour elle, — et mon affection pour toi...

» ... Mon cher mari n'a point de place. On dit ma petite pension supprimée, mais je n'ai pas le temps de penser à cela : ce serait interrompre la plus tendre admiration qu'il soit permis à une âme de ressentir. La religion et ses ministres divins se penchent sur les blessés pour les bénir, — sur les morts pour envier leur martyre...

» Ote ton chapeau à mon intention en passant devant l'église Notre-Dame, et mets sur ses pieds les premières fleurs de carême que tu trouveras. »

Cependant, les conséquences ne tardent pas à se faire sentir. Après la bénédiction des arbres de la liberté et la lune de miel de la

République, le quart d'heure de Rabelais commence : toute révolution amène avec elle son chômage à tous les degrés, depuis le bas jusqu'au faîte, et tout chômage entraîne après soi son déficit et sa pénurie :

« (A M^me Derains, 1848)... La triste réalité est que je suis sans aucun argent ; que l'on m'envoie à l'heure même une contrainte pour mes impositions, et que je n'ai reçu ni mon mandat, ni avis sur mon trimestre échu depuis cinq jours... Comment faire ? pas une porte où je puisse aller frapper ; les événements semblent avoir écrit sur toutes : *Détresse.* »

Je continuerai de suivre la trame de l'existence qui nous intéresse, moyennant encore des passages de lettres écrites après 1848 : celles que je citerai dorénavant sont la plupart adressées par M^me Valmore à ses parents de Rouen. Une seule circonstance heureuse en rompt la note uniforme et triste : le mariage de sa fille Ondine, sitôt suivi d'une fin funeste.

« (24 décembre 1849)... Mon bon Richard, si votre amitié n'est pas sans inquiétude sur nous et notre silence, je suis tout à fait de même sur tout ce qui vous concerne ; et, quoique je ne sache de quel côté donner de la tête, je prends sur la nuit pour vous écrire, — la nuit de Noël, mon cher Richard, qui changerait les destinées de ce triste monde et la vôtre, si le Sauveur écoutait son pauvre grillon, humblement à genoux dans la cheminée... où il y a bien peu de feu, sinon celui de mon âme, très-fervente, très en peine !...

» Je vous embrasse tous du fond de mon cœur. Mon cher mari en fait autant. J'ai eu la douleur de de le voir fort malade de chagrin. Ondine l'a été gravement : elle est si frêle, que je passe une vie d'anxiété avec cette chère créature, à qui il faudrait le repos le plus absolu. Pour moi, je travaille comme un manœuvre, et je me repose pour pleurer, pour aimer et prier. »

« (25 février 1850)... C'est une grande lutte que nos existences à tous.

» Mon cher Valmore est malade. Plus fort que moi, il est aussi moins pliant au malheur, et, quoiqu'il soit ingénieux à se créer des occupations qui raniment un peu sa solitude, cette solitude stérile le dévore, et il a des fièvres accablantes...

» Je ne fais aujourd'hui que vous serrer à tous les mains bien affectueusement, en suspendant l'envoi du petit paquet prêt à partir depuis trois jours.

» La question de l'*humble port* fait que je suspends son départ. Où en sommes-nous arrivés, Seigneur ! qu'il faille arrêter les élans d'un pauvre cœur qui bat toujours si vite pour ceux qu'il a aimés et qu'il aimera toujours ! »

Sa sœur Eugénie, qui habite Rouen, tombe

mortellement malade, et l'on n'attend plus
que sa fin. Ici, l'un des traits de la religion
de M^me Valmore se prononce. On a vu du reste
toutes ses douces superstitions légendaires et
les crédulités qu'elle avait gardées du pays
natal ; mais il est un point sur lequel elle ne
fléchit pas ; si elle est catholique d'imagination, elle a, si je puis dire, le catholicisme
individuel ; elle n'entend y faire intervenir
personne ; elle est surtout pour qu'on respecte
la paix des mourants, et elle écrit à sa nièce,
fille d'Eugénie, de se bien garder d'alarmer sa
mère à l'instant suprême :

« (5 septembre 1850)... J'attends une lettre avec
la plus grande anxiété, et votre silence me jette
dans l'effroi. Ma chère Camille, je vous vois tous
auprès de ma sœur comme des enfants et des anges

qui consolent une sainte, et je suis tranquille sur les bénédictions du Ciel qui attendent une si belle âme; mais les tortures de la mienne sont inexprimables, plus cent fois depuis que je suis revenue : la voir m'était encore moins terrible.

» Je n'ai pas, à la vérité, la frayeur que tu commettes l'imprudence, je dirai l'impiété, que tous les cœurs froids commettent, d'avertir ta mère sur ses devoirs, ce qui serait la tuer. Elle a rempli tous ses devoirs envers Dieu, envers nous. — Épargnons-nous ce remords de frapper cet esprit pur et divin. »

Et après la mort :

« (11 septembre 1850)... La volonté du Ciel est terrible, quand elle s'accomplit sur des êtres si faibles et si tendres que nous. »

Mais tout à coup, dans ce ciel si lourd, si chargé, si sombre, un éclair inespéré a lui :

« (14 janvier 1851)... Ondine se marie !

» Elle sera madame avant peu de jours. Tout est sérieux, tendre et honorable dans le choix réciproque. Son mari est avocat à la Cour d'appel et représentant de la Sarthe. C'est le jour de Noël que cet événement *imprévu* a éclaté.

» Je t'en écrirai les détails quand je respirerai du tumulte de tant de soins, et des terribles embarras d'argent où je tourne épouvantée. — L'avenir de notre chère Ondine est assuré et tout à fait convenable ; mais juge de cette époque pour sa pauvre famille si fière, si pauvre ! »

Il y eut là comme une éclaircie de bonheur. M^me Valmore se faisait illusion sur l'état de santé de sa fille ; elle ignorait — Ondine elle-même ignorait aussi — la gravité du ravage qui habitait depuis des années sa jeune poitrine et que le régime le plus exact avait pu

seul arrêter ou ralentir. Le mariage, une gros-
sesse, l'opiniâtreté de la jeune mère à vouloir
nourrir, tout cela devait vite devenir fatalement une cause de mort. Cependant, il y eut
une saison d'oubli, de joie et de gaieté douce
à la campagne, dans les propriétés de M. Langlais, à Saint-Denis d'Anjou : M^me Valmore
y passa quelque temps avec sa fille ; le sentiment de cette vie des champs grasse et nourri-
cière, au milieu des fermiers et des *colons*,
respire et rit au naturel dans ce passage d'une
lettre d'Ondine à son frère :

« (1851)... Ici, on oublie tout ; on se plaint par
*genre*, mais sans amertume ; on dort, on mange, on
n'entend point de sonnette. On s'éveille pour dire :
« Va-t-on déjeuner ? » on se promène *à âne*, et on rentre bien vite pour demander : « Va-t-on dîner ? » Il y a

des fleurs, des herbes, des senteurs de vie qui vous inondent malgré vous-même ; il y a une atmosphère d'insouciance qui vous berce et vous rend tout facile, même la souffrance. Que n'es-tu là ? tu prendrais ta part à tant de biens ! Tu nous aiderais à traduire Horace dans un style élégant et philosophique comme celui-ci :

> Cueillons le jour [1]. Buvons l'heure qui coule :
> Ne perdons pas de temps à nous laver les mains;
> Hâtons-nous d'admirer le pigeon qui roucoule,
>     Car nous le mangerons demain.

» Ne fais pas attention au pluriel rimant avec un singulier. C'est une licence que la douceur de la température nous fait admettre. Nous devenons de véritables Angevins : *Molles*, comme dit César (*ou un autre*)... »

Ainsi s'égayait la « charmante *lettrée* » à la veille de mourir. Comme on sent que cette

1. C'est une parodie du *Carpe diem*.

jeune âme ne demandait pas mieux que de reprendre au soleil et à la vie! Pourquoi ce bonheur, ce bien-être lui étaient-ils venus si tard, — trop tard!

Dans une lettre à son fils, l'année d'après, M<sup>me</sup> Valmore dépeignait cette même vie provinciale et rurale à sa manière :

« (Octobre 1852)... Hier, avec Langlais, nous avons fait le tour de la ville (je crois qu'ils disent la ville). Toutes nos visites sont rendues. J'ai vu dans ces maisons bizarres des petites dames très-jolies et de très-beaux enfants, des fruits par paniers, des fleurs toujours. Oui, Dieu est partout! juge s'il est dans ce silence profond des haines politiques et littéraires. On n'entend parler que de blés mûrs, de vendanges et de poules qui pondent sans s'arrêter. Sans doute ce n'est pas l'Espagne dont tu m'envoies le charmant écho dans cette vraie

colombe dont tu traduis la langue avec émotion [1] ;
mais c'est du calme, de l'air, sans sonnette aux
portes, sans pianos, sans bonnet grec dans un grenier. — Ici tout va de plain-pied... du moins à la
surface des prés que j'ai parcourus. La mélancolie
y est sans volupté, sans trop d'épines non plus. Les
poëtes n'y font pas de nids, et les tourterelles man-
gent comme des ogres... »

L'état d'Ondine, à ce second automne passé
aux champs, était devenu un sujet d'alarme,
et les yeux d'une mère, si crédule qu'elle fût
à l'espérance, ne s'y trompaient pas :

« ... Hors de là, mon cher fils, il faut rentrer
dans les détails douloureux, t'avouer que je souffre
toujours dans ce même amour de mère, te dire que

1. Il s'agissait d'une femme poëte, Carolina Coronado,
dont M. Hippolyte Valmore avait traduit une pièce de
vers passionnée et mystique : *El amor de los amores.*

vingt fois dans un jour une terreur se glisse entre elle et mon regard. Elle a des physionomies si mobiles, une faim si étrange, et tant d'horreur de marcher ! tout est si furtif dans ses confidences mêmes ! son âme semble habitée par des milliers d'oiseaux qui ne chantent pas ensemble, mais qui se craignent et se fuient. — Douce et agitée toujours ! »

Les pressentiments se justifièrent trop vite, et, quelques mois à peine écoulés, cette joie mélangée de crainte était changée en un deuil amer, inconsolable (12 février 1853)[1].

1. M. Sainte-Beuve n'a pas publié la lettre suivante, qui lui fut adressée lors du funeste moment : « Parmi tous, vous seul, je crois, devinez l'étendue de ma douleur. Je vous remercie de tous les sentiments qui vous la révèlent. Je vous remercie d'une larme de pitié qui vous vient aux yeux pour moi, et du serrement de cœur fraternel que sa perte vous cause, je le sens ! — Vous

M<sup>me</sup> Valmore soigna elle-même sa fille mourante à Passy, et, pendant de longues semaines, elle fut en présence d'un dépérissement étrange, muet, bizarre, d'un besoin obstiné de solitude, d'une sorte de terreur contenue et fermée à toute espérance, à toute lueur distrayante :

« (A M<sup>me</sup> Derains, 4 octobre 1852)... Il m'est impossible, dans la sincérité de mon cœur, de vous dire quoi que ce soit d'absolu sur l'état de ce que j'aime. Je passe dans un jour de l'espoir à l'effroi, et

l'avez bien connue, vous lui avez donné de la lumière pure. Vous avez aimé l'innocence de son sourire... Elle l'avait encore en fuyant!... — Oui, je vous remercie pour elle, sainte et douce colombe ; je vous remercie pour moi — et pour vous — d'avoir été son ami. — Laissez-moi me signer la vôtre, — Marceline Desbordes-Valmore. » — Le timbre de la poste porte la date du 18 février : Ondine venait de mourir.

du sourire aux larmes. Comme à l'ordinaire, je cache tout, ne pouvant obéir qu'à mon instinct d'aimer. — Si j'étais libre de suivre celui de mère, je changerais tout le régime adopté, et dès long-temps, je crois, j'aurais rétabli l'harmonie dans ce corps chéri, qui semble se dissoudre, d'une mai-greur désespérante, d'une faim étrange et jamais contentée, malgré quatre repas abondants et un bon sommeil souvent. Je crois que l'estomac et les entrailles sont déveloutés [1] à force d'avoir bu de l'eau et des remèdes, tantôt allopathiques, tantôt homœopathiques, — l'orthographe y est comme elle peut. Hélas! il en est de même de la santé. Mais, ne pouvant prendre aucun empire sur cet esprit charmant, à la fois prévenu et découragé, je la regarde, la torture dans l'âme, et je prie Dieu sans savoir ce que je dis, car j'ai bien du chagrin !

» Pourquoi vous l'écrire? parce que rien n'est

1. Elle est populaire aussi dans ses idées de médecine, et elle a ses explications à elle.

plus difficile pour moi que d'écrire en ce moment. Appuyer ma pensée, c'est la trahir. Écrire autrement, c'est mentir, chose impossible avec vous.

» Tout ce qui est alentour et devant moi est vraiment aimable. — L'air, le ciel et les arbres suffiraient bien, sans la maison très-confortable et riante [1]; mais on dirait que j'y suis en rêve ; je ne peux rien m'approprier ici, sinon le poids d'une crainte qui corrompt tout... »

Et encore de Passy, 30 décembre :

« Je ne peux la résoudre à vous voir ni personne. J'en aurais bien besoin pour elle, et pour moi ! mais non ; le silence, le retirement du cloître. — 30 au soir. »

Ces jeunes âmes déjà mûres, aux heures où

1. C'était dans une maison de la rue de la Pompe, aujourd'hui détruite. L'avenue de l'Impératrice a depuis passé par là.

la vie leur échappe, ont souvent ainsi de ces
révoltes concentrées et profondes, de ces ran-
cunes dernières contre la destinée, de ces re-
grets ineffables de ce qu'on a connu trop peu
et qu'on ne peut plus ressaisir. Elles ont de
ces refus fixes et définitifs au moment de rentrer à jamais dans l'éternel Érèbe :

    . . . . . . . . Atque inimica refugit

In nemus umbriferum. . . . . . . . .

On a beau masquer et recouvrir cela ensuite,
c'est à désespérer les vivants. — Je n'aurai
plus maintenant qu'à mettre à la suite les
plaintes sans trêve, mais toujours humbles et
soumises, de celle que j'ose appeler la *Mater
dolorosa* de la poésie :

« (A sa nièce, 1ᵉʳ avril 1853)... Ma bonne Camille,

je te remercie de la tendre compassion de ton amitié. — Tu comprends bien ma blessure. — Elle est sanglante. — Je n'ose pas plus que toi-même appuyer sur la terrible épreuve qui est maintenant accomplie sur la terre. En parler est au-dessus de mes forces. Dieu me fera peut-être la grâce de la comprendre. — Ah! Camille, je suis bien infortunée !...

» Je n'ai aucune force morale en ce moment, et j'ai l'effroi d'écrire surtout à ceux que j'aime ; car, pour ne pas mentir, c'est bien triste à raconter. »

« (13 août 1853)... Enfin, nous n'accomplissons en rien notre volonté ; une force cachée nous soumet à tous les sacrifices, et cette force est irrésistible...

» ... Paris, qui a dévoré toutes nos ressources et nos espérances, devient de plus en plus *inhabitable* pour nous, et quelque coin de la province nous paraît déjà souhaitable pour cacher nos ruines et reposer tant de travail inutile. Mais ce parti lui-même

est entouré de bien de difficultés ; c'est un déchire-
ment, et je suis inerte de douleur. »

« (5 décembre 1853)... J'ai tant de raisons de
savoir que le malheur d'*argent* surtout change
beaucoup les affections et n'est justifié devant
personne ! »

« (26 mars 1854)... Nous allons quitter notre
cinquième étage ; je ne sais cette fois si ce sera pour
monter au sixième. On ne peut plus trouver un
grenier qu'au prix de douze ou quatorze cents francs.
La terre où nous sommes a le vertige.

» ... Ce bon M. de J... lui-même , qu'est-il devenu ? Ruiné dans toutes ses espérances, c'est encore
une de ces existences dissoutes dans le mouvement
formidable de ce qu'on appelle la civilisation, qui
pour beaucoup ressemble au chaos. »

« (6 septembre 1854)... Le malheur finit par
semer l'épouvante même au sein des familles que
le bonheur aurait unies. Quand il faut de part et
d'autre travailler durement pour ne pas tomber

dans la dernière indigence, les ailes de l'âme se replient et remettent tous les élans à l'avenir. »

Dans des lettres à une amie, M$^{me}$ Derains, elle revient sur cette misère des logements à trouver, et elle exprime en vives images le trouble moral et le bouleversement de pensées qui résultent de ces déplacements continuels :

« Ma bonne amie, vous me dites des paroles qui résument des volumes que j'ai en moi. Ils y restent inédits, à l'état de ces graines cachées dans les armoires, qui sèchent sans avoir été semées. — Par exemple, vos craintes de vivre entre des habitudes perdues et d'autres à refaire, par ce mouvement incessant vers des demeures nouvelles, c'est ma vie. Elle finit par être une fièvre qui tend la mémoire et rend plus douloureuse la fuite des jours loin des lieux qu'on aimait, parce qu'on y a beaucoup aimé. — Ne vous ai-je pas dit que souvent je me lève pour aller chercher tel ou tel objet dans telle ou telle chambre où je ne le trouve pas? Alors commence le tourment . « Ah! non, il est dans une armoire... Que je suis bête ! cette armoire était à Bordeaux... ou bien dans le cabinet de toilette à Lyon... » Les *ou bien* se pressent et m'importunent. J'en ai quelquefois pleuré par les mille souvenirs qu'ils réveillent... »

Elle forme le vœu modeste qui pour elle ne se réalisera jamais :

« Je suis effrayée de l'obligation de sortir demain samedi vers une heure, malade ou non. — Si vous alliez venir!... C'est alors que mes cinq ou vingt étages me paraissent des Pyrénées, moins les fleurs. Loger au *second*, première richesse des ambitions raisonnables! m'est-il à jamais interdit d'y prétendre?... »

Ce souhait agréable et sensé, qui est celui

de bien des familles, resta toujours pour elle
à l'état de rêve. Elle eut sans cesse à défaire
son nid et à le refaire. Elle changea quatorze
fois de logement en vingt ans. Le nouveau
Paris en train de se transformer, et dont elle
vit les premières splendeurs, ne lui était guère
un asile propice. Ces grands mouvements de
civilisation, qui passent comme des ouragans,
s'inquiètent-ils des nids d'hirondelles[1] ?

1. Voici une lettre que je retrouve dans le dossier de
M. Sainte-Beuve, et qu'on dirait avoir été écrite
instantanément sous l'inspiration de cette fin d'article.
Elle est d'une plume que cette question de l'intérêt et
de l'avenir des lettres et de la poésie, auxquelles les
brusques mouvements sociaux se montrent parfois si
malfaisants, a toujours sensiblement et personnellement
touchée. L'auteur porte un nom connu et célèbre ; — il
était un ami et un des visiteurs assidus de Sainte-Beuve
pendant sa dernière maladie ; il est un de ceux dont

Sainte-Beuve put dire, dans l'après-midi du dimanche, 10 octobre, quatre jours avant de mourir, en le faisant monter près du son chevet : « Ils me font comme les soldats d'Alexandre, qui venaient visiter leur capitaine au lit de mort... » Et M. Sainte-Beuve, au suprême période de sa carrière et de sa vie, était bien autorisé à parler ainsi de lui-même et du rang qu'il tenait dans la littérature, lui que ses amis, les gens de lettres, appelaient *mon maître*, — quelques-uns même (le bien-aimé Théo) continuaient à l'appeler *mon oncle* comme au temps romantique, lui laissant sa place à côté du *père,* qui est Hugo. — Ce qui me décide (outre l'amitié qui m'y autorise) à publier la lettre suivante, est l'ap-préhension intellectuelle qui y est exprimée, et qui se déduit assez logiquement de ce qu'un homme, bien placé pour cela, peut observer de plus en plus en littéra-ture tous les jours : « Mon cher maître, écrivait le correspondant de Sainte-Beuve, vous avez dû recevoir de nombreux compliments à propos de votre belle étude sur M^me Valmore ; et cependant chacun ne saurait trop vous dire quelle portée prend, dans ce temps plus que jamais, l'analyse si intime de ce caractère de femme. — *Il est à craindre que vous ne soyez le dernier homme de lettres du siècle.* Les préocupations politiques et sociales ne vous empêchent pas de vous intéresser à une âme vibrante que la pauvreté et les misères de la vie ne purent abattre. — Il fallait également pouvoir faire entrer dans un journal une étude d'un relief si fin. Nul autre que vous, peut-être, n'y eût réussi. Il est vrai que nul autre que vous n'eût été capable d'une telle analyse... » — L'auteur de la lettre touche ici à un point d'une délicatesse extrême, où il trouverait des contradicteurs, dont la confidence est venue un instant embarrasser et presque intimider l'éditeur de ces articles et de ces notes : voulant tenir compte de toutes les opinions sérieuses, il n'a pu répondre à des objections d'un esprit sensé et lettré, — d'un très-honorable et très-respecté professeur de l'Université, — que cette publication continue de la biographie par lettres de M^me Valmore n'avait précisément pas paru intéresser dans un journal politique quotidien, — qu'en montrant à son sage et prudent *avertisseur* et interlocuteur le grand nombre d'adhésions que M. Sainte-Beuve avait reçues, au contraire, après l'apparition en journal de chacun de ces articles. — Mais la discussion ne peut se prolonger sur ce sujet ici même : l'éditeur se reporte malgré lui à un autre souvenir de ces mêmes *Nouveaux Lundis*, où M. Sainte-Beuve définissait et décrivait, en toute connaissance de cause, ce qu'il a nommé lui-même *l'ouvrier littéraire;* et on peut reconnaître à certains traits que, sans en avoir l'air, il se rangeait dans cette catégorie de *travailleurs;* il en a été, malgré la dignité de sénateur, jusqu'à la fin de sa vie (voir à la fin d'un premier article sur *la Réforme sociale en France*, par M. Le Play, tom. IX, pag. 174 et suiv.). — Cet ouvrier, qui travaille avec son cerveau et qui le martèle avec sa pensée, a trouvé en M. Sainte-Beuve un vaillant *compagnon*, et l'auteur de la lettre que nous achevons de reproduire, un *ouvrier littéraire* lui aussi, avait raison de conclure en disant : « Ce que vous nous donnez depuis votre maladie, mon cher maître, est d'un bon exemple. Vous apprenez à tous à ne jamais se décourager, et l'esprit en vous se montre de plus en plus triomphant dans les luttes avec le corps. » — A cette date (7 mai 1869), M. Sainte-Beuve n'avait plus devant lui que quelques mois. Il lui restait encore à publier (et il n'en avait pas le premier mot écrit à l'avance) cette grande et dernière série d'articles qui suivit, et qui commencera le tome XIII, sur *le général*

*Jomini.* Il est mort selon son vœu : il disait un jour, en pleine santé, qu'il fallait que l'homme de lettres mourût comme Eugène Delacroix, en ne laissant tomber le pinceau qu'au dernier moment. La plume ne lui est tombée de même à lui, définitivement, des mains que le jour où il s'est alité pour mourir. C'est ainsi que l'ouvrier littéraire, épris de sa profession, prend ses invalides. — Si cette note paraît trop longue, et, à quelques égards, déplacée à propos de M^me Valmore, qu'on n'oublie pas que, comme dans l'industrie, la littérature a aussi ses ouvriers *femmes*, et l'on sait à présent quel poëte douloureux dans la réalité de la vie était cette âme chantante de M^me Valmore.

## IV

Il me reste à indiquer des portions de correspondance qui offrent des tons un peu plus variés, à montrer pourtant jusqu'à la fin la note fondamentale, et aussi à recueillir les principaux hommages qui n'ont pas manqué de son vivant à ce tendre et sympathique génie.

A son retour d'Italie et dans les premiers temps de sa réinstallation à Paris, M<sup>me</sup> Val-

more revit ses chères Flandres; elle traversa
Douai, où elle embrassa tristement son frère,
où le passé et le présent ravivèrent ses douleurs, et elle alla à Bruxelles, où M. Valmore
avait dû contracter un nouvel engagement.
Le court séjour qu'elle y fit, et pendant lequel
elle écrivait de charmantes lettres collec-
tives à ses trois enfants à Paris, réveilla en
elle des traces de jeunesse, et lui apporta,
malgré tout, quelque diversion heureuse, un
loisir relatif et comme une allégresse d'imagination. On sent à quelques éclairs lumineux
combien il n'a manqué à cette exquise intelligence qu'un peu de recueillement et d'étude
pour tout entendre des arts, de la littérature
proprement dite, de tout ce qui constitue
une culture accomplie. Ainsi, à son fils qui

s'occupait alors de peinture, elle écrivait :

« Mercredi 21. — Hier mardi, 20 octobre, ton père a reçu ta lettre et le dessin qu'elle contenait, mon cher fils. Il t'en remercie et partage ainsi que moi tes adorations pour Michel-Ange. Que ce monde renferme de bonheur quand on possède en soi le sens le plus humble et le plus grand tout ensemble, l'admiration ! Il console de toutes les misères et donne des ailes à la pauvreté, qui s'élève ainsi au-dessus du riche dédaigneux. »

« (Le 26 octobre, à midi. — 1840, Bruxelles)... Je comptais travailler ici dans la solitude ; mais elle ressemble à celle où je voudrais m'enfermer à Paris. Les lutins entrent par la serrure.

»... Je suis bien contente d'avoir ici ton volume sur l'Allemagne. Chaque ligne de M^{me} de Staël est une lumière qui pénètre mon ignorance d'admiration et toujours d'attendrissement. Quel génie ! mais quelle âme ! Quel bonheur de croire à notre immortalité pour la voir aussi, comme je l'ai rêvée une fois [1] ! — D'un autre côté, plus je lis, plus je pénètre sous les voiles qui me cachaient nos grandes gloires, et moins j'ose écrire ; je suis frappée de crainte, comme un ver luisant mis au soleil. »

Et cette autre lettre encore, qui semble résonner et bruire de tous les carillons de ces jolies villes flamandes à toutes les grandes et moyennes fêtes de l'année :

« Le 1er novembre 1840. — Bruxelles. — 10 heures du soir. — Je vous écris, mes chères âmes, au milieu de toutes les cloches battantes de Bruxelles qui se répondent pour les saints et pour les morts. Rien ne peut à Paris donner l'idée de ces solen-

1. Elle était fort attentive à ses rêves. Elle en avait souvent et de forts distincts, dont elle se souvenait au réveil, et qu'elle se plaisait à raconter Il paraît, d'après ce passage, qu'elle avait cru voir une fois Mme de Staël en rêve.

nités qui émeuvent ici la terre et les airs. Les églises que nous avons parcourues étaient pleines de femmes à longues failles sur la tête, et qui tombent jusqu'à leurs pieds. Ces églises ont tellement le caractère de l'Italie, que je donnerais tout au monde pour que vous les vissiez. Hippolyte serait ravi. Nous y avons vu aujourd'hui la Vierge noire et le petit enfant Jésus noir comme sa mère. Ces madones me serrent le cœur de mille souvenirs. L'art n'y est pour rien, mais les premières et douces croyances font que j'adore leurs voiles raides doublés de rose et leurs immobiles couronnes de fleurs d'une batiste si ferme que tous les orages du monde n'en feraient pas bouger une feuille. — J'ai à vous faire le récit d'un cabinet de peinture où nous avons pénétré hier, chez le duc d'Arenberg. Quelle richesse tranquille ! quelle solitude glorieuse ! les Rubens y pleuvent, et ses deux femmes, presque vivantes de son pinceau, et lui-même, peint de sa main : on croit voir ses lèvres bouger. Vraiment, c'est ici le refuge de la

peinture; on sent qu'elle y est adorée par une religion profonde, sans paroles. Mais que direz-vous
quand vous apprendrez que nous venons de voir la
tête véritable du Laocoon, possédée par ce duc
d'Arenberg, au prix de 160,000 francs? Je vivrais
mille ans que je ne pourrais oublier cette merveille
qui me poursuit, cette tête noyée de douleur et de
reproches amers. Des Vénitiens l'ont trouvée dans
leurs fouilles longtemps après la découverte du
magnifique groupe dont la tête véritable n'avait
jamais été retrouvée. Sa vue déchire et l'on croit
être près d'entendre des cris sortir de cette bouche
ouverte par une convulsion de souffrance morale. La
vue de toutes les dents découvertes sans grimace
ajoute beaucoup à l'expression de cette torture. Ce
n'est pas un vieillard comme dans le groupe, mais un
homme dans la force et la beauté de l'âge, quarante
à quarante-cinq ans : il pleure comme jamais je n'ai
vu pleurer du marbre et comme on sent que doit
pleurer le père des enfants qu'il ne peut délivrer. —

Hippolyte avait observé qu'ils avaient l'air bien jeunes pour les enfants de ce vieillard. Il aurait vu avec transport l'harmonie de leur âge avec le sien. Ils doivent avoir quinze ans. Mais de quoi vais-je vous entretenir[1]? Tout ce que j'en dis est si pâle qu'il

1. Dans le doute que soulèvent en moi ces assertions un peu singulières, je recours à l'un de mes amis, homme d'autant de savoir que de goût, qui me répond : « La tête du Laocoon appartient bien au corps sur lequel elle est, et n'a jamais pu être contestée; celle du duc d'Arenberg ne pourrait donc lui être substituée. Seulement, on l'a considérée comme ayant appartenu à un *autre* groupe semblable ; de la plupart des statues ou groupes célèbres, nous connaissons plusieurs répétitions (*repliche*, comme disent les Italiens), avec ou sans variantes. — La tête d'Arenberg ne représente pas, d'ailleurs, un homme beaucoup plus jeune. — Je crois qu'assez généralement aujourd'hui on la regarde comme un ouvrage de la renaissance, l'expression très-pathétique paraissant s'écarter des habitudes des anciens. Pour moi, je la crois antique. — Les deux têtes représentent également. ce me

vaut mieux en venir à nos réalités connues. — La dernière lettre en trio chantait tout ce que je demande à Dieu : l'espoir et l'harmonie ! Le bien-être que je goûte ici depuis trois semaines, et où pourtant vous me manquez bien, en est tout consolé. Je n'ai pas besoin de dire à Line (*Ondine*) qu'en allant aux madones, j'ai bien pensé à son anniversaire de naissance [1]. Je sais que tu as du courage, mon cher enfant (*c'est à Ondine qu'elle s'adresse maintenant*

semble, un homme dans la force de l'âge. — J'inclinerais à trouver la tête d'Arenberg supérieure, pour l'expression et pour l'exécution, à celle du groupe du Vatican. Dans ce dernier groupe, il n'y a de restauré que le bras droit du père et deux bras des enfants. Le bronze des Tuileries (moulé par Primatice pour François Ier) le représente tel qu'il fut trouvé, avant les restaurations. » — Ainsi parle la critique éclairée et réfléchie (la lettre, y a-t-il indiscrétion à le dire, est de M. Félix Ravaisson) : Mme Valmore en était au premier enthousiasme.

1. Ondine était née le jour des Morts.

*plus en particulier*), et je l'ai déjà vu plusieurs fois. Celui qui vient d'en haut guide toujours bien les femmes, qui n'ont pas besoin de la valeur permanente des hommes. Je suis heureuse du bonheur pur que tu ressens. Notre Inès et toi, vous aurez cette vertu qui répare toutes les fautes et qui est la balance des forces de l'autre sexe. Il est bien sûr que les travaux du ménage ont mille récompenses qui les rendent chers. C'est ici l'*unique* joie de la femme. Elles sont généralement très-gaies. Dans les moments de calamité de fortune, vous voyez que c'est un secours immense, et je vous embrasse de toute ma tendresse pour la manière dont vous venez de vous le prouver à vous-mêmes... »

Les lettres à M<sup>me</sup> Pauline Duchambge ont un caractère particulier. Entre ses amitiés de femmes, M<sup>me</sup> Valmore en avait eu une toute première, tout angélique, *Albertine* (Gautier), qu'elle a célébrée dans ses vers et qui fut ravie dans la fleur de la jeunesse. Son autre amitié également tendre, et celle-ci de toute la vie, c'était M^me Pauline Duchambge, auteur de douces mélodies que nos mères savaient par cœur et soupiraient du temps de l'impératrice Joséphine et depuis aux belles années de la Restauration. *Paroles de M^me Desbordes-Valmore, musique de* M^me *Pauline Duchambge,* cela se voyait à son heure sur tous les pianos. Mais ce n'était point seulement à cause de cette collaboration aimable, c'était en raison d'une union, d'un unisson plus intime que M^me Valmore pouvait dire avec vérité à M^me Duchambge : « Ne sommes-nous pas les deux tomes d'un même ouvrage? » Les deux tomes s'appareillaient, mais, à bien des égards, ne se ressemblaient pas.

M^me Duchambge, habituée dès sa jeunesse au
luxe, à toutes les élégances et les délicatesses
de la vie, eut le retour d'autant plus amer, le
déclin rude et pénible. Elle était devenue
pauvre, et elle ne savait pas vieillir. Elle ne
mourut qu'en 1858, un an avant son amie.
Bien des passages, et qui ne seraient pas les
moins piquants pour la curiosité, dans les
lettres de M^me Valmore à elle, ne sont pas à
donner de quelque temps, à cause des noms
propres et de l'entière confidence sur les
personnes ; mais on en détacherait, dans les
parties de sentiment, des notes ravissantes
dont je mettrai quelques-unes ici, un peu
pêle-mêle, et sans trop avoir égard à l'ordre
des dates. Par exemple, M^me Duchambge se
reportait toujours en idée à ses jeunes rêves,

et ne pouvait s'empêcher de se revoir telle qu'elle avait été autrefois ; à quoi M^me Valmore répondait :

« (Le 9 janvier au soir, 1857)... Pourquoi t'étonnes-tu de retourner si jeune dans le passé ? ne sommes-nous pas toujours jeunes ? d'où vient que tu t'affliges presque de cette preuve incontestable de l'immortalité de notre vie ? Elle peut donc être fatiguée, mais non finir. Nous ne finissons pas du tout, sois-en sûre. Il n'y a pas de nuit où je ne retrouve mes petits enfants dans mes bras, sur mes genoux. C'est bien eux, va ! Sois persuadée comme moi qu'ils vivent *tout à fait !* tandis que nous, c'est avec gêne et tristesse et peur ! Je soutiens donc que cet amour que tu retrouves si souvent dans les heures les plus tristes et les plus inattendues fait partie de toi-même, et que tu n'en revois alors que le miroir... Celui-là a été ardent. Ne te plains pas. C'est le sens de ce que tu ne pouvais t'expliquer alors. C'est ton

âme qui continue et qui suit sa pente d'aimer im-
mortellement. »

« (Le 27 décembre 1855)... Je t'aime d'avoir
souffert tout ce que je souffre, et d'être restée si
tendre.

» L'Indien se couche au fond de son canot quand
il tourbillonne sur l'abîme. Moi, je ne peux pas même
me coucher, il faut chercher... souvent pour le jour
même, afin que, moi seule, je sache que c'est l'a-
bîme. »

En lui rappelant les premiers mots d'une
ancienne romance :

« (Le 19 avril 1856)... Tu sais la suite dont les mots
m'échappent, mais qui devaient dire : « Nous pleu-
» rerons toujours, nous pardonnerons, et nous trem-
» blerons toujours. — Nous sommes nées *peu-
pliers...* »

« (Mercredi 27 novembre 1850)... Je reste à coudre
près de lui (*mon mari*), car je maintiens tout ce

que je peux d'un sort si délabré qui ne touche personne... Dieu et toi exceptés, je le sais bien, va! et
cela me suffit pour coudre de tout mon cœur... Mais
écrire m'est impossible. Ma pensée est trop grave,
trop appesantie, et je n'ai pu faire le conte demandé.
J'écris vraiment avec mon cœur : il saigne trop pour
des petits tableaux d'enfants. »

Il y avait encore d'autres raisons pour ne
pas écrire; n'écrit pas dans les journaux et
dans les revues qui veut; il faut prendre le ton
et l'esprit du patron; les plus honorables
recueils ont leurs exigences; ainsi pour le
*Musée des Familles*, qui semblait s'entr'ouvrir
pour M^me Valmore, mais à la condition d'en
passer par la censure et le *lit de Procuste* du
directeur :

« (Le 22 février 1851)... M. Pitre-Chevalier tourne
sa roue avec fureur dans ce moment, car enfin elle

fait du pain et tout pour sa famille. Et puis c'est *lui* qui se juge avant de s'imprimer lui-même ; pour les autres, il veut connaître, apprécier, commander, étendre ou raccourcir ; il veut aussi *inspirer* l'esprit. C'est bien effrayant pour des oiseaux comme nous qui'avons toujours chanté sans serinette. Cette basse continue du maître éteindrait mon goût de chanter. Je remets donc toujours à transcrire mon petit drame indépendant, et je dévore mes jours à des soins tout aussi graves. »

« (15 janvier au soir, 1856)... Tu dis, chère âme fidèle, que la poésie me console. Elle me tourmente au contraire comme une amère ironie ; c'est l'Indien qui chante tandis qu'on le brûle. »

« (Lundi 11 mai 1857)... L'orage est partout. Il y a des temps où l'on ne peut plus soulever un brin d'herbe sans en faire sortir un serpent...

» Restons nous-mêmes à travers tout. C'est bien de la part du Christ que je te le demande, car il est impossible qu'il ne trouve pas tout ceci digne de

lui, tant c'est triste ! Le plus beau vers de M. de
Lamartine, le sais-tu ?

> Rien ne reste de nous, sinon d'avoir aimé. »

Elle se plaisait aussi à rappeler ces deux
vers qui, s'ils ne sont pas d'elle, sont du
moins tout son emblème :

> En gémissant d'être colombe,
> Je rends grâces aux dieux de n'être pas vautour.

Le nom de M^{me} Dorval revient plus d'une
fois entre elles deux. Cette grande actrice,
qui, dans la seconde partie de sa carrière, et
quand il était déjà tard, avait trouvé tout son
talent et le cri vrai de la passion, ne ressem-
blait guère d'ailleurs aux deux tendres amies
qui, jusque dans leur sensibilité la plus épan-
chée, étaient toute crainte, toute alarme et
tout scrupule, toute discrétion et pudeur. Un

jour que M^me Duchambge indiquait à M^me Valmore un livre qui venait de paraître, et qui
disait crûment de certaines choses meilleures
à cacher, M^me Valmore répondait :

« (22 avril 1857)... Tu craignais de m'avoir fait
mal en me racontant M^me Dorval. Est-ce que je ne
la connaissais pas toute pour la plaindre et pour
l'aimer, en y comprenant même les choses que, par
ma nature, je détestais en elle? Mais des choses que
l'on déteste dans quelqu'un empêchent-elles de
l'aimer? Hélas! non, pas toujours. Elles y entraînent
quelquefois fatalement. Je te dirai pourtant que, si
j'avais là ce volume dont tu me parles, je ne le lirais
pas... Je t'ai toujours trouvé ce tort funeste de te
jeter au-devant des couteaux. Seigneur! ils ne viennent que trop nous chercher le cœur à travers les
portes et les murailles. »

M^me Valmore usa de son influence sur

Balzac, et surtout de l'influence qu'avait alors sur Balzac une autre personne qu'elle désigne sous le nom de *Thisbé*, pour obtenir du grand romancier devenu dramaturge, qu'il donnât une de ses pièces à l'Odéon et promît l'un des rôles à M^me Dorval. C'est sans doute des *Ressources de Quinola* qu'il s'agit dans la lettre suivante : on assiste à l'immense confiance du grand optimiste et à son rire tempétueux, retentissant. Tout cet espoir de succès et de bon office s'en alla en fumée.

« (A M^me Duchambge, 7 décembre 1841)... Tu sais, mon autre moi, que les fourmis rendent des services : c'est de moi que sort, non la pièce de M. de Balzac, mais le goût qu'il a pris de la faire, et de la leur donner, et puis de penser à M^me Dorval que j'aime pour son talent, mais surtout pour son malheur et à cause de ton amitié pour elle. J'ai tant hurlé ma tristesse, qu'elle a été comprise et partagée... tu devines par qui? par l'humble Thisbé, qui use sa vie au service de ce littérateur. Elle en a parlé, murmuré, reparlé, — et il est venu me dire : « Je veux bien, tout est conclu. M^{me} Dorval » a un rôle immense. » Je l'ai entendu rire ! — Elle y sera belle ; et toi, bien contente, j'en suis sûre. Cela vaut bien l'horrible fièvre gagnée à la campagne pour aller entendre cette lecture et porter l'acte qui lie l'Odéon à l'avenir de cet ouvrage... Garde cela dans un pli de ton cœur... Garde inviolables mon secret et celui de la pauvre Thisbé... Surtout que toi seule saches l'influence de notre tendresse pour M^{me} Dorval. J'aurais un bonheur infini de la revoir triomphante... Je veux tous les biens du monde à M^{me} Dorval, mais non pas de sa reconnaissance. Vois celle qu'elle a pour ton amitié! »

Emportée elle-même par son sort, par les nécessités de chaque heure, par la violence de son talent ou de ses passions, qui ne faisaient qu'un, M^me Dorval en son naufrage avait-elle le temps de montrer aux deux discrètes et silencieuses amies les nuances de sentiment qu'il aurait fallu et les grâces du cœur? Vers la fin, elle y mettait sans doute aussi de la réserve et se privait de les voir, sentant qu'elle vivait d'une tout autre vie.

M^me Duchambge, que je n'ai connue que déjà passée, qui avait dû être des plus agréables, et qui, toute ridée qu'elle était, rappelait, par les mille petits plis de son fin et mignon visage, certaine jolie vieille de l'Anthologie :

De ses rides les petits plis
De nids d'amours sont tout remplis;

M^me Duchambge avait eu pour dieu de sa jeunesse l'aimable enchanteur Auber, dont elle adorait toujours l'étoile de plus en plus brillante, inconstante et légère. Elle avait eu aussi, bien tard, un goût très-vif et peut-être assez tendre pour notre ami le poëte breton Brizeux, fugitif et toujours prêt à se dérober. Ces noms se rencontrent plus d'une fois, et à des degrés différents, dans la correspondance. L'illustre maître Auber, averti par M^me Duchambge, avait déposé un jour un témoignage d'intérêt chez M^me Valmore, à l'occasion d'un de ses derniers deuils :

« (A M^me Duchambge, 29 novembre 1854)... Ta lettre m'a émue d'autant plus que tu m'amenais presque de force un consolateur dont le nom est puissant sur moi. Dis à M. Auber que ce grand nom, toujours plus cher, m'a fait pleurer comme l'hymne du Sommeil dans *la Muette*... Je garderai donc cette carte, qui me touche et qui m'honore. Elle

est doublée de toute la grâce de ton âme, et je l'ai
approchée de mon cœur brisé. — Je ne verrai pas
de quelque temps M. Auber lui-même. Il ne faut
pas éclater en sanglots devant ces âmes harmo-
nieuses qui chantent pour consoler le monde. J'ai
horreur d'interrompre ces grands missionnaires de
Dieu. »

Quant à Brizeux, sa personne, son profil
reparaît et disparaît sans cesse dans la correspondance. M<sup>me</sup> Duchambge aimait la lecture ; elle aimait à être au courant des choses
de l'esprit, et même à s'instruire dans le
passé. M<sup>me</sup> Valmore était bien peu à même
de satisfaire à ses curiosités et à ses demandes
de livres :

« (Sans date)... Je t'envoie aussi *Turcaret*. Pour
*Virgile*, nous ne l'avons pas. Si je pouvais le dé-
couvrir, je me le ferais prêter pour toi. Tout ce que

je sais d'un *Virgile* compréhensible pour moi, c'est que le nôtre ou celui de la Bretagne voyage dans le Midi, sous le nom de Brizeux, dont la santé et le silence commencent à m'inquiéter, à moins que tu n'en aies reçu quelque lettre. »

Ce diminutif de Virgile, Brizeux, qui n'avait rencontré à temps ni Auguste ni Mécène, ni leur diminutif, ne touchait guère Paris qu'en passant; il se sauvait bien vite, pendant des mois et des saisons, tantôt dans sa Bretagne, tantôt à Florence; il craignait d'écrire et poussait l'horreur de la prose jusqu'à ne se servir le plus souvent que d'un crayon pour tracer des caractères aussi peu marqués que possible. C'était une nature particulière : une sensibilité poétique, une volonté poétique, plus forte que sa puissance d'exécution et que

son talent. Par ses éclipses et par ses absences
muettes, il donnait du souci aux deux amies,
et M^me Valmore y prenait doublement part à
cause de sa sympathie pour la tendre Pauline
Duchambge. Un jour, le bruit se répandit, on
ne sait comment, que Brizeux, qui s'était
oublié en Italie, entrait au cloître et se faisait
moine :

« (Le 22 février 1851)... Le parti pris, dit-on,
par notre Brizeux n'est pas dans la nature fiévreuse
de M. Lacaussade ; mais il est si malheureux, qu'il
comprend le *sauve qui peut* des âmes qui ne se
jettent pas dans la lutte, et qui vont s'enfermer,
croyant tout fuir... Ce serait là pour nous l'erreur
la plus funeste ; et c'est en cela que j'ai peur pour
l'autre s'il l'a *osé* ; je dis *si*, ma Pauline, car personne encore ne croit tout à fait à ce bruit que rien
ne confirme, et que l'on fait toujours courir sur

ceux que l'Italie attarde et rend affreusement paresseux d'écrire. Si malheureux que nous soyons ici, nous sortons de nous-mêmes, ne fût-ce que pour appeler au secours le souvenir de l'ami préféré. Là-bas, le soleil se charge de tout, de vous écraser et de vous apporter tous les souvenirs sans bruit, auxquels on n'aurait pas la force de répondre. — Hélas ! ici pour nous la pauvreté pesante fait le métier du soleil d'Italie : elle nous rend immobiles et moines, quelque part que nous soyons renfermés... »

Les années pour Brizeux se succédaient de plus en plus âpres et sévères, et, quoiqu'une pension accordée ou augmentée sous M. Fortoul lui fût venue en aide, rien dorénavant n'améliorait le sort ni le moral du poëte :

« (Le 3 février 1857)... Je partage ta préoccupation sur Brizeux. Pourquoi ne t'écrit-il pas ? Le sentir là-bas, loin de sa mère, malade peut-être, et presque certainement sans argent, est un chagrin de plus dans tous nos chagrins qui s'accumulent à ne plus savoir comment les porter. Lui si farouche et si irritable quand il ne cueille pas tranquillement ses fleurs et ses blés! Ah! Pauline, n'être que poëte, n'être qu'artiste au milieu de toutes les faims dévorantes des ours et des loups qui courent les rues... J'ai l'âme triste comme la tienne, et je crois que c'est tout dire... »

Dans les trois ou quatre dernières années de sa vie, Brizeux avait notablement changé; après chaque disparition, il revenait autre et presque pas reconnaissable, plus saccadé, plus brusque, plus négligé : ces longues solitudes ne lui étaient pas bonnes. Le temps n'était plus où M<sup>me</sup> Valmore écrivait de lui à son fils : « Je suis toute vibrante des larmes rimées de Brizeux, et toi? — On dirait de ses vers qu'ils résonnent quelque chose de la mansarde divine. N'est-ce donc en effet que de la vraie misère que sortent ces accents inoubliables ? » Cette rigueur trop prolongée du sort n'est pas moins funeste aux âmes que le trop de mollesse : elle finit par mordre sur elles et les altérer. C'est ce qui ressort avec énergie de ce passage, qui rend l'amère et dernière réalité dans ses traits les plus cuisants :

« (A M^me Duchambge, le 27 décembre 1855)... J'ai revu ton Breton ferré qui est venu s'asseoir cordialement avec nous. Il ne sentait plus la lavande. Mais quoi ! ses vers sentent toujours le ciel. Quel poëte ! Combien la vie est dure et marâtre puisqu'elle amène des hommes d'un tel mérite à devenir ce que celui-ci devient... et deviendra ! Gustave Planche est bien mille fois pire. — Vois-tu, ces hommes divins ont froid dans leurs affreuses chambres d'auberge *ruineuse*, et leur soleil les brûle en dedans. Je t'assure qu'ils vivent comme des somnambules. Regarde leurs yeux [1]. »

Alfred de Musset fait lacune dans les relations de M^me Valmore. Je crois qu'excepté lui, aucun des noms célèbres du temps ne manque à sa couronne poétique. Lamartine, Béranger, Hugo, Vigny, on le verra, l'avaient tous prévenue et saluée à leur heure. Elle était dans une vraie intimité avec Alexandre Dumas, qui

1. Brizeux mourut à Montpellier le 3 mai 1858; il y était arrivé depuis une quinzaine de jours, presque mourant déjà d'une phthisie pulmonaire, mais confiant dans le climat du Midi et impatient de se réchauffer au soleil. La seule personne qu'il connût à Montpellier était M. Saint-René Taillandier, qui l'entoura des plus tendres soins et le traita en poëte et en frère. Ses derniers moments furent du moins consolés et adoucis autant qu'ils pouvaient l'être.

mit, en 1838, une préface entraînante au recueil de *Pleurs et Pauvres Fleurs*, et de qui elle
disait, en 1833, à son jeune fils Hippolyte,
visité par lui au passage : « M. Dumas t'a
trouvé bien. Il est bon et obligeant, mais,
comme tous les hommes d'un grand talent
littéraire, impossible à cultiver : il appartient
à trop de monde, à tous les mondes. » Avec
le seul Musset, il n'y avait jamais eu d'occasion, de rencontre, et partant de sympathie
établie, pas le moindre petit fil tendu à travers
l'air, et elle le supposait de loin plus avan-
tageux certainement, plus plein de lui-même
qu'il ne l'était, lui, l'indifférent passionné,
éperdument livré au torrent de la vie ; elle
avait à son sujet de la prévention, faute de
l'avoir connu à une heure propice. Et puis, à

partir d'Alfred de Musset, se tranchait plus nettement la ligne de démarcation profonde qui allait séparer les générations nouvelles de leurs aînées; les sources et le courant de l'inspiration changeaient, et, des anciens aux jeunes, on ne s'entendait plus à demi-mot.

« (A M<sup>me</sup> Duchambge, 20 janvier 1857)... Connais-tu de ton côté un moyen honnête et simple d'arriver à M. Alfred de Musset, que l'on dit malheureusement très-malade? C'est qu'un jeune Anglais, musicien, auquel s'intéresse beaucoup M. Jars, veut offrir au poëte une mélodie qu'il a faite sur ses paroles. Je ne sais pas une âme en rapport avec ce talent dédaigneux et charmant, et il faudrait que ce fût un homme, — #C...., par exemple, s'il était resté simplement poli avec moi, — car, si c'est une femme, lui, M. de Lamartine et d'autres ne manquent pas de dire : « Encore une amoureuse! » Je t'assure que cela

m'a été raconté. Ah! que mes instincts sauvages
m'ont toujours bien servie! Le pauvre banni *(Hugo)*
n'a jamais dit cela, j'espère. Il n'a du moins jamais
passé pour fat, et franchement il est trop grand
pour cela. Il y a un grain de stupidité dans la préoccupation que tout un sexe brûle pour votre gloire.
C'est ce qui m'a toujours rendue muette comme un
poisson... »

Avec Béranger, sans qu'il y ait jamais eu
intimité, il y avait liaison et affection sérieuse.
Elle le visita dans les tout derniers temps,
après la perte qu'il avait faite de la compagne
de sa vie, Judith :

« (A M^me Duchambge, avril 1857.) Les affligés
entre eux doivent se comprendre, plus encore le
dimanche que les autres jours, mon Dieu!...

» Hier, je voulais te voir en sortant d'une visite
fort triste à Béranger. Je m'y étais forcée, malgré

l'étrange état où je suis toujours. Il faut pourtant essayer de vivre. J'ai trouvé M. Béranger si malade, et le sachant lui-même si profondément, que cette visite m'a fait beaucoup de mal. Il m'a dit assez clairement, et d'un sérieux résigné, qu'il ne supporterait pas la perte de sa pauvre amie. Véritablement, c'est visible dans toute sa personne affaissée ; ce n'est plus lui. J'en suis sortie moins courageuse que je n'y étais entrée. Son embrassement m'a fait mal. »

Si bonne, si affectueuse qu'elle fût et sujette aisément aux illusions, M<sup>me</sup> Valmore n'était pas dupe. Elle jugeait mieux des personnes et des caractères que sa tendre amie, et elle lui disait quelquefois, à propos de l'inintelligence de cœur de certaines gens les plus polis de surface et les plus avenants en apparence : « Ah la ! que de blessures sous les sourires et les *bon jour* convenants du monde ! » M^me Duchambge avait eu l'idée de demander un service réel à l'un de leurs visiteurs les plus agréables et les plus gentils de façons ; M^me Valmore lui répondait :

« (10 février 1843)... Ton idée sur M. X... est un rêve décevant. C'est l'homme du monde à qui je voudrais le moins dire *tout*. Sa glace polie me gèle à la seule pensée d'un service *d'argent*. Il a écrit pour M. B..., content de s'agiter sans tirer à conséquence. Mais, Pauline, il n'y a rien dans ces cœurs-là pour nous : les riches de cette époque viennent vous raconter leurs misères avec une candeur si profonde et des plaintes si amères, que vous êtes forcé d'en avoir bien plus de pitié que de vous-même. Il m'a déroulé l'autre fois ses affreux empêchements à cause d'une maison qu'il fait bâtir. Elle devait lui coûter cent mille francs, je crois, et le devis s'élève présentement au double, ce qui, avec l'éducation de son fils, lui *fait perdre la tête.* Elle m'a paru, en effet, très-malade, à la lettre. Que dire à ces fortunés? Que vous avez deux chemises et pas de draps? Ils vous diront. « Ah! que vous êtes heu- » reux! Vous ne faites pas bâtir! » Ainsi n'y pensons pas, car c'est un accès de fièvre pour nous qu'un accès d'espérance. »

Et un autre jour, après une visite de deux grandes dames :

« Hier, ces deux princesses sont venues pour m'enlever de force à dîner. Tu sais que j'ai horreur de dîner en ville. Elles m'ont trouvée dans mon lit pour toute réponse. Quelle dérision avec nos deux sorts ! J'avais un franc dans mon tiroir pour commencer mon mois avec Victoire (*la domestique*) furieuse... Et ces bonnes dames disent : « M^me Val- » more sait si bien s'arranger! » — La femme de son fils a cinq cent mille livres de rente [1]. »

1. Nous savons que l'une des deux nobles personnes

Il faut finir. — Après la mort de sa sœur Eugénie à Rouen en 1850, de son frère Félix à Douai en 1851, il ne restait plus à M^me Valmore qu'une dernière sœur, l'aînée, Cécile, qui habitait aussi Rouen. C'est cette sœur aînée qui avait appris à lire à la jeune Marceline tout enfant, et l'on trouve en maint passage des poésies un souvenir esquissé de sa douce figure. Elle était bien la sœur du poëte en effet par la sensibilité et par le cœur, et aussi par une certaine simplicité primitive d'imagination. C'est elle qui écrivait un jour à M^me Valmore cette lettre émue, où l'on croirait lire un bout de légende d'un autre âge :

fut véritablement bonne et ne s'en tint pas toujours aux paroles. Ici les cœurs étaient généreux autant que les paroles gracieuses : l'ironie n'était qu'entre les deux sorts.

12

« J'ai été dimanche faire une course pour une dame qui m'est quelquefois utile dans des moments où je ne sais plus à qui avoir recours ; elle me tend la main pour me ranimer un peu. J'allais à Bon-Secours prier la bonne Notre-Dame pour elle. Je l'ai priée aussi pour nous tous, je me suis jetée à sa miséricorde ; je lui ai demandé qu'elle te récompense de tout le bien que tu fais, qui est d'autant plus méritoire que ta position est bien difficile. En revenant, ma bonne sœur, je me suis vue entourée, presque ensevelie dans des fils de la Vierge. Je ne puis te peindre l'effet que cela m'a fait ; je me suis retracé dans un instant la rue Notre-Dame, le cimetière, qui était nos galeries ; toute notre enfance s'est déroulée devant moi comme si c'était hier. Je suis rentrée dans ma petite chambre en pleurant de l'isolement où je me trouve, et de tout ce que souffre notre malheureuse famille. Pourquoi ne suis-je pas morte dans cette chapelle, où je priais pour nous tous la Mère des affligés !... Espérons... »

Sur quoi M^me Valmore, se mettant à son unisson, s'efforçait de relever son courage, d'évertuer sa vieillesse, de l'attendrir par l'aveu des misères communes, de l'égayer par des images simples, qui rappellent les beaux jours et les joies de l'enfance :

« (9 novembre 1854)... La dame qui m'aide souvent à trouver l'argent d'emprunt pour passer mon mois, à la condition de le rendre à la fin de ce mois même, n'a pu venir encore à mon secours, à travers la pluie et toutes les difficultés de sa propre vie. Mais tu dois savoir depuis longtemps qu'il n'y a guère que les malheureux qui se secourent entre eux. Va! c'est bien vrai. Sans être plus méchants que nous, les riches ne peuvent absolument pas comprendre que l'on n'ait pas toujours assez pour les besoins les plus humbles de la vie. Ne parlons donc pas des riches, sinon pour être contents de ne pas les sentir souffrir comme nous.

» Avant-hier, dans la nuit, j'ai eu le bonheur de rêver à toi et de t'embrasser avec une effusion d'amitié et de joie si vive, que je m'en suis réveillée. — Nous allions au-devant l'une de l'autre les bras ouverts. Tu portais un beau châle de laine à palmes, et je portais le pareil en vraie sœur. — Hélas! nous étions bien contentes de nous regarder et de nous serrer les mains. Ce bon rêve résume ce que j'ai senti bien des fois dans ma vie, qu'il n'y a rien de pareil ni de comparable à une amitié de sœur...

» Je n'entends pas parler de tes fils plus que toi, et je te plains dans tes tristesses de mère. Le siècle est de fer. Le malheur, le luxe, la misère, rendent les hommes effarés. Pour nos cœurs de feu, c'est froid.

» ... Veux-tu des mouchoirs de poche ou des bas? Ne ris pas de mes offres dans nos misères. Le cœur est inventif. Aimes-tu les rubans? Ah! ma bonne sœur, que je voudrais aller te demander tout cela moi-même et causer tout un jour avec toi!

Rien ne se guérit dans mon triste cœur ; mais aussi rien n'y sèche, et tout est vivant de mes larmes. »

Cette dernière sœur elle-même mourait ; la mesure des deuils était comblée, et il y eut des moments où, dans sa plénitude d'amertume, l'humble cœur jusque-là sans murmure ne put toutefois s'empêcher d'élever des questions sur la Providence, comme Job, et de se demander le pourquoi de tant de douleurs et d'afflictions réunies en une seule destinée :

« (A sa nièce, 30 janvier 1855)... J'ai depuis bien longtemps la stricte mesure de mon impuissance ; mais tu comprends qu'elle se fait sentir par secousses terribles quand je sonde l'abîme de tout ce qui m'est allié par le cœur et par la détresse. Oui, Camille, c'est très-poignant. Me voilà donc sans frère ni sœurs, toute seule des chères âmes que j'ai tant aimées, sans la consolation de survivre pour accomplir leur vœu qui était toujours, et toujours, de faire du bien... Que dire devant ces arrêts de la Providence? Si nous les avons mérités, c'est encore plus triste. — Cette réflexion ne regarde que moi, ma bonne amie. Je cherche souvent en moi-même ce qui peut m'avoir fait frapper si durement par notre cher Créateur; car il est impossible que sa justice punisse ainsi sans cause, et cette pensée achève bien souvent de m'accabler. »

Chaque cœur croyant a, ainsi, un jour ou l'autre, son heure de tentation et de doute, son délaissement et sa sueur froide, son jardin des Olives. L'aspect nu de la réalité, tout ce qu'elle a d'inexorable et de fatal, revient assaillir, bon gré mal gré, ces âmes aimantes qui veulent espérer, et les envahit, les remplit de douleurs profondes. C'est dans

une de ces heures abattues que M<sup>me</sup> Valmore
écrivait encore ceci :

« (A M<sup>me</sup> Derains, 11 mai 1856)... Travaillez-
vous? appuyez-vous quelque part ce cœur... pareil
au mien, mais plus convaincu encore, plus sûr?...
Pourtant je vois à une immense distance le Christ
qui revient. — Son souffle arrive au-dessus des
foules. Il tend les bras tout grands ouverts, et ils ne
sont plus cloués! plus jamais cloués! — Mais, si je me
remets à regarder la terre, les transes me reprennent
et, à la lettre, je crois tomber, et je glisse à genoux
contre une porte ou contre la fenêtre. C'est violent
et silencieux. Ma bonne amie, quelle épreuve! Et je
ne sens pas toujours les anges qui me soutiennent.
Ah! vous méritez bien que le vôtre ne vous quitte
pas!

» Tout ce que je vous dis de presque égaré vous
prouve du moins une affection profonde, et que je
vis d'aimer.

» Encore la pluie et les lourds nuages ! »

Nous avons atteint au suprême aveu, au plus désolé de tous, à celui de la désespérance.

Quand on écrit la biographie de certains poëtes, on peut dire que l'on montre l'envers de leur poésie ; il y a disparate de ton : ici, dans cette longue odyssée domestique, on a simplement vu le fond même et l'étoffe dont la poésie de M^me Valmore est faite, et à quel degré, dans cette vie d'oiseau perpétuellement sur la branche, — sur une branche sèche et dépouillée, — près de son nid en deuil, toute pareille à la Philomèle de Virgile, elle a été un chantre sincère. En extrayant cette douloureuse correspondance, je me suis souvent rappelé celle d'une autre femme poëte, et dont il a été donné au public des volumes exquis, celle de M^{lle} Eugénie de Guérin. Mais quelle différence, me disais-je, entre les douleurs de l'une et celles de l'autre! L'une, la noble châtelaine du Cayla, sous son beau ciel du Midi, dans des lieux aimés, dans une médiocrité ou une pauvreté rurale qui est encore de l'abondance, avec tous les choix et toutes les élégances d'un intérieur de vierge; l'autre dans la poussière et la boue des cités, sur les grands chemins, toujours en quête du gîte, montant des cinq étages, se heurtant à tous les angles, le cœur en lambeaux, et s'écriant par comparaison : « Où sont les paisibles tristesses de la province? » Et qui a connu M^{me} Valmore en ces longues années d'épreuves, qui l'a visitée dans ces humbles et étroits logements où elle avait tant de peine à rassembler ses

débris, qui l'y a vue polie, aisée, accueillante,
hospitalière même, donnant à tout un air de
propreté et d'art, cachant ses pleurs sous une
grâce naturelle et y mêlant des éclairs de
gaieté, brave et vaillante nature entre les plus
délicates et les plus sensitives, qui l'a vue
ainsi et qui lira ce qui précède se prendra
encore plus à l'admirer et à l'aimer.

On serait trop tenté vraiment, à voir le
détail d'une telle vie, et quel mal infini eut
de tout temps à se soutenir et à subsister cette
famille d'élite et d'honneur, ce groupe rare
d'êtres distingués et charmants, comptant des
amitiés et, ce semble, des protections sans
nombre, chéris et estimés de tous, on serait
tenté de s'en prendre à notre civilisation si
vantée, à notre société même, à rougir pour

elle ; et surtout si l'on y joint par la pensée le cortége naturel de M<sup>me</sup> Valmore, cette quantité prodigieuse de femmes dans la même situation et « ne sachant où poser leur existence », courageuses, intelligentes et sans pain, « toutes ces chères infortunées » qui, par instinct et comme par un avertissement secret, accouraient à elle, qu'elle ne savait comment secourir, et avec qui elle était toujours prête à partager le peu qui ne lui suffisait pas à elle-même ! Évidemment il y a là un remède à chercher, il y a (ne fût-ce que dans l'éducation des femmes) quelque chose à faire. J'avais songé, par une sorte de compensation bien due, à réunir d'autre part autour d'elle quelques-uns des noms dont elle eut le plus à se louer, bon nombre des êtres bienfaisants et secourables qu'elle avait rencontrés sur sa route, et qui lui avaient été une consolation, une douceur et un réconfort au milieu de ses maux; — et M. Jars, qu'elle connaissait depuis l'opéra-comique du *Pot de fleurs*, à qui elle ne s'était ouverte avec confiance que bien tard, et de qui elle disait en le perdant (avril 1857) : « Cette affection douce et innocente de M. Jars me manque bien ! Dans les orages de ma vie, c'était comme une chapelle silencieuse où ma pensée allait s'abattre, et j'avais le bonheur de le sentir heureux, exempt des luttes avec le besoin qui brûle l'honneur ; » — et M. Dubois, l'économe de l'hôpital général de Douai, qui avait entouré de soins et d'égards la vieillesse ombrageuse et chagrine du pauvre Félix Desbordes, qui l'avait remplacée elle-même au lit de mort de ce cher et malheureux frère, et qui était entré pour les derniers devoirs dans toutes ses sollicitudes et ses piétés de sœur; — et M. Davenne, directeur alors de l'Assistance publique, un administrateur comme il y en a peu, qui ne se retranchait pas sans cesse derrière les règlements pour éviter de faire le bien, et qui a mérité qu'elle écrivît de lui dans un transport de reconnaissance :

« (A M<sup>me</sup> Derains, le 29 septembre 1856). Je vous ai promis, ma bonne amie, et je me suis promis à moi-même de vous annoncer le premier rayon d'allégement qui luirait *ici*. Quand votre lettre n'appellerait pas la mienne, vous sauriez donc, presque en même temps que moi, l'admission *positive* de mon pauvre beau-frère au meilleur asile de retraite de Paris. — La Providence s'est laissé toucher pour lui et pour nous; et le meilleur des hommes *vi-vants* [1] vient de m'accorder un si grand bienfait sans le moindre droit pour l'obtenir, avec quatre motifs d'exclusion!

» Ce directeur comme divin a été jusqu'à me dire: « La chose est impossible, madame, et pourtant » je vois qu'il le faut, et, puisqu'il y va de votre tran- » quillité, nous passerons par-dessus ce que je ne » peux vous détailler; et, pour que vous soyez *heu-* » *reuse,* nous en ferons un homme *heureux!* »

Mais je ne puis nommer tous ceux que je

1. Elle dit « le meilleur des hommes *vivants* » par égard pour M^me Derains qui, veuve, gardait un vrai culte pour son mari, mort cruellement, victime innocente des guerres civiles. — M. Derains était avocat. Il fut tué lors du massacre du coup d'État, en décembre 1851, sur la voie publique, à Paris, pendant qu'il se rendait, inoffensif et sans armes, au palais de justice. Son corps, recouvré par l'infortunée veuve, avait été troué de six balles.

voudrais, et je ne fais qu'indiquer ici un développement qui sera mieux placé ailleurs, et dans le livre que je sollicite.

V


Il faut bien en venir pourtant aux hommages
littéraires, à commencer par le plus magnifique et le plus royal de tous, celui de Lamartine. Lui seul en eut l'initiative, et un
quiproquo y aida. Il y avait dans les dernières années de la Restauration un poëte
errant et des plus bohèmes, Franc-Comtois
d'origine ou à peu près, resté de tout temps
provincial, voué à l'Épître laudative et à

l'Élégie, d'une verve facile et un peu banale
dans son harmonie coulante, Aimé De Loy.
Il avait poussé son odyssée jusqu'au Brésil et
en était revenu pour mourir pauvre en 1834.
C'est à ce poëte, de plus d'infortune et de male-
chance que de talent, qu'un jour M^{me} Valmore
adressa des vers insérés dans un keepsake,
avec ces seules initiales : A M. A. D. L. — Mais
A. D. L., que pouvaient signifier de telles initiales à cette date, sinon le grand poëte
régnant, Alphonse de Lamartine? Le keepsake
lui étant tombé sous les yeux, Lamartine, en
effet, prit ces vers pour lui, et, à l'instant, il
s'échappa de son sein une nuée de strophes
ailées, un admirable chant et vraiment sublime, à la louange de son humble sœur en
poésie. Il y avait des années déjà qu'il avait

noté et distingué entre tous l'accent particulier à M^me Valmore. Un jour (vers 1828)
qu'il s'entretenait avec M. de Latour, comme
celui-ci avait amené dans la conversation
quelques noms contemporains de femmes
poëtes, Lamartine s'était écrié : « Mais il y a
bien autre chose au-dessus, bien au-dessus de
tout cela! Cette pauvre petite comédienne
de Lyon... comment l'appelez-vous?... » Et
lui-même avait aussitôt retrouvé le nom. Il
fit donc cette admirable pièce qui commence
avec grandeur, et où il montre le vaisseau de
haut bord qui, dans l'orgueil du départ, se
rit des flots et se joue même de la tempête;
puis, en regard, la pauvre barque comme il
en avait tant vu dans le golfe de Naples, une
barque de pêcheur dans laquelle habite toute

une famille, et qui, jour et nuit, lui sert
d'unique asile et de foyer : le père et le fils
à la manœuvre, la mère et les filles aux plus
humbles soins. Mais il faut citer ces stances
qui, pour nous désormais, ont tout leur sens
et toute leur vérité. Remarquez que Lamartine ne connaissait qu'à peine et de loin
seulement M^{me} Valmore; mais la divination
du génie est comme une seconde vue, et du
premier coup d'œil il avait tout compris de
cette existence, il avait tout exprimé en images
vivantes et dans un tableau immortel :

. . . . . . . . . .

> Ils n'ont, disais-je, dans la vie
> Que cette tente et ces trésors ;
> Ces trois planches sont leur patrie,
> Et cette terre en vain chérie
> Les repousse de tous ses bords !

En vain de palais et d'ombrage

Ce golfe immense est couronné ;

Ils n'ont pour tenir au rivage

Que l'anneau rongé par l'orage

De quelque môle abandonné !


Ils n'ont pour fortune et pour joie

Que les refrains de leurs couplets,

L'ombre que la voile déploie,

La brise que Dieu leur envoie,

Et ce qui tombe des filets !


Cette pauvre barque, ô Valmore !

Est l'image de ton destin.

La vague, d'aurore en aurore,

Comme elle te ballotte encore

Sur un océan incertain !


Tu ne bâtis ton nid d'argile

Que sous le toit du passager,

Et, comme l'oiseau sans asile,

Tu vas glanant de ville en ville

Les miettes du pain étranger.


Ta voix enseigne avec tristesse

Des airs de fête à tes petits,

Pour qu'attendri de leur faiblesse,

L'oiseleur les  épargne et laisse

Grandir leurs plumes dans les nids !


Mais l'oiseau que ta voix imite

T'a prêté sa plainte et ses chants,

Et plus le vent du nord agite

La branche où ton malheur s'abrite,

Plus ton âme a des cris touchants !


Du poëte c'est le mystère ;

Le luthier qui crée une voix

Jette son instrument à terre,

Foule aux pieds, brise comme un verre

L'œuvre chantante de ses doigts ;

Puis d'une main que l'art inspire,

Rajustant ces fragments meurtris,

Réveille le son et l'admire,

Et trouve une voix à sa lyre,

Plus sonore dans ses débris [1]!...

1. Je ne sais si cette manière d'essayer des *stradiva-rius* en les brisant et en les rajustant est tout à fait conforme aux règles du métier; un luthier en sait là-dessus plus long que moi; c'est dans tous les cas une belle fable à l'Amphion. Mais voici une image qui, moins noble, présente le même sens et se trouve d'une parfaite vérité. Le pommier, s'il pousse trop bien en pleine terre et avec une végétation trop luxuriante, ne donne que peu de fruits. Les habiles jardiniers le savent, et, pour le faire fructifier, ils plantent un coin de bois dans une de ses plus grosses racines et l'enfoncent bien avant : la séve s'écoule par là, et l'arbre donne toutes ses pommes. Le talent est comme le pommier : le poëte, pour porter tous ses fruits, a besoin d'avoir reçu aux racines de la vie sa blessure. Les organisations trop heureuses sont sujettes à pousser tout en bois et en feuillage.

Ainsi le cœur n'a de murmures
Que brisé sous les pieds du sort !
L'âme chante dans les tortures,
Et chacune de ses blessures
Lui donne un plus sublime accord !...

Qu'ajouter à de tels accents? et combien aux années heureuses et innocentes, avant la politique, il lui a été donné de verser de semblables chants dans les âmes souffrantes, lui, le grand consolateur à qui il doit être tant pardonné! En même temps que cette pièce de vers, M^me Valmore recevait la lettre que voici :

« 25 janvier 1831.

» Madame,

» J'ai lu dans le Keepsake des vers de vous que j'ai voulu croire adressés à l'auteur des *Harmonies poétiques*. C'était un motif ou un prétexte que je ne voulais pas laisser échapper, d'adresser moi-même un bien faible hommage à la femme dont l'admirable et touchant génie poétique m'a causé le plus d'émotion. Agréez donc, madame, ces stances trop imparfaites où j'ai essayé d'exprimer ce qu'une situation si in-digne de vous et du sort m'a si souvent inspiré en pensant à vous ou en parlant de vous. Voyez-y, je vous prie, seulement, madame, un témoignage de profonde sympathie, d'admiration et de respect.

» AL. DE LAMARTINE. »

Ainsi touchée au fond de l'âme et aussi prompte que l'écho, M<sup>me</sup> Valmore répondait à l'instant dans la même mesure et sur le même rhythme. Je ne mettrai de sa réponse que deux ou trois strophes dans lesquelles elle réclamait avec confusion contre le mot de *gloire* que lui avait jeté magnifiquement le grand poëte :

Mais dans ces chants que ma mémoire

Et mon cœur s'apprennent tout bas,

Doux à lire, plus doux à croire,

Oh! n'as-tu pas dit le mot *gloire?*

Et ce mot, je ne l'entends pas:

Car je suis une faible femme,

Je n'ai su qu'aimer et souffrir;

Ma pauvre lyre, c'est mon âme,

Et toi seul découvres la flamme

D'une lampe qui va mourir...

Je suis l'indigente glaneuse

Qui d'un peu d'épis oubliés

A paré sa gerbe épineuse,

Quand ta charité lumineuse

Verse du blé pur à mes pieds...

Envoyant à M. Duthillœul, de Douai, qui
lui en avait demandé copie, la pièce de vers
de Lamartine, elle ajoutait ces lignes qui

sont dictées par le même sentiment :

« L'attendrissement l'a emporté sur la modestie, monsieur, et j'ai transcrit ces beaux vers à travers mes larmes, oubliant qu'ils sont faits pour un être si obscur que moi. Mais non, ils sont faits pour la gloire du poëte, pour montrer son âme dans ce qu'elle a de sublime et de gracieuse pitié. Je vous les donne. »

Quant à Lamartine, il remerciait M<sup>me</sup> Valmore de sa réponse émue et palpitante, par une lettre que je donnerai encore et qui clôt dignement cet échange harmonieux, ce cartel de haute et tendre poésie :

« Madame,

» Je suis payé au centuple, et je rougis en lisant vos vers des éloges que vous donnez aux miens! Une de vos strophes vaut toutes les miennes. Je les sais par cœur.

» J'espère que la fortune rougira aussi de son injustice, et vous accordera un sort indépendant et digne de vous. Il ne faut jamais désespérer de la Providence quand elle nous a marqué au berceau pour un de ses dons les plus signalés, et quand on sait comme vous l'adjurer dans une langue divine.

» Je compte aller bientôt passer deux jours à Lyon. Je m'estimerais bien heureux de joindre le plaisir de vous connaître à celui de vous admirer et de vous remercier.

» AL. DE LAMARTINE.

 ▾ Mâcon, 3 mars 1831. »

A côté de Lamartine et non pas au-dessous, nous plaçons une autre liaison bien chère et plus intime, toute profonde, et qui avait sa racine dans les sentiments humains, plébéiens et véritablement fraternels; c'est ainsi que je caractérise le mutuel attachement de M$^{me}$ Valmore et de M. Raspail, celui qu'elle appelait « bon Socrate », — « bon et sublime prisonnier », — « charmant stoïque », celui à qui elle dédiait la pièce miséricordieuse, *les Prisons et les Prières*, du dernier recueil. Les passages de correspondance que j'ai à donner en diront plus que toutes les paroles sur cette noble et généreuse amitié, qui s'était affermie dans les épreuves et avait grandi dans l'absence.

Après sa sortie de la citadelle de Doullens, M. Raspail était allé passer ses années de bannissement en Belgique; il y jouissait de l'espace retrouvé, de la nature, du soleil; il y vivait à la campagne et s'amusait à rédiger un journal de médecine, une Revue où il parlait de tout à son gré, et dont il était le seul rédacteur. Il écrivait à M^me Valmore :

« Boitsfort, 9 septembre 1855.

» ... Dans une prochaine lettre, dites-moi donc dans quel coin de ces vertes Flandres est votre premier pays. Combien j'aime à dénicher ici tous ces petits berceaux de nos grandes renommées! Il m'arrive bien des fois de vouloir rendre compte de mes visitations de ce genre, à propos de la moindre circonstance artistique qui semble s'y rattacher. Les Flamands ont une vénération tout allemande pour les reliques de leurs saints de la république artistique. Vous recherchez en France la pantoufle des rois : ici la pantoufle de Vésale ou de Rubens vaudrait le diamant de la couronne. Ils ne vénèrent, il est vrai, que leurs illustres morts, et se montrent plus qu'indifférents pour les morts ordinaires, même pour les morts qu'ils ont aimés; rien n'est odieux à mes yeux comme leurs cimetières de village! Mon petit village va se réformer sur ce point, parce qu'il craint de me faire de la peine. Je veux qu'un jour chacun de nos bons paysans continue à être bon sur une tombe, et qu'il aille se délasser de ses travaux par une délicieuse causerie avec les âmes. Le Flamand est lent, mais il marche; et, quand une fois il a pris son bâton de voyage, il va loin sans s'arrêter.

» Mais j'allais vous parler de ce que vous connaissez mieux que moi, vous qui jadis avez été Flamande comme j'en vois dans les tableaux de Van Eyck et de Van Dyck, avant de devenir une des gloires de l'Hélicon de France. Nous sommes tous ainsi faits : les débutants croient en apprendre aux maîtres; un touriste en sait plus que l'habitant du lieu; passez-moi cette commune manie : elle fait tant de plaisir ! »

M. Raspail avait écrit dans sa Revue d'éloquents articles sur Rousseau au physique et au moral[1]. M^me Valmore l'en remerciait :

1. Les articles sur Rousseau sont contenus dans les numéros de juillet et août 1855 de la *Revue complémentaire des sciences appliquées à la médecine et phar-*

« (Octobre 1855). Nous lisions vos belles pages sur Jean-Jacques, lorsque votre lettre m'est venue. J'ai enfermé cette lettre avec ce que vous avez jamais écrit de plus ardent et de plus loyal : aussi l'ai-je lue en compagnie de mon cher fils avec un intérêt indicible. Jamais Rousseau n'a eu de juge plus équitable ni d'ami plus fervent. Êtes-vous son frère, bien-aimé banni? Êtes-vous lui-même, guéri de tous les maux du corps et de l'âme?... Cette idée m'a remplie de joie...

» J'ai une prière à vous faire, et vous me l'accorderez au nom de votre tendre et candide fille : ne me donnez jamais celui de *muse*. Non, ce n'est pas moi, et je suis si triste, si vraie, chère âme généreuse, que je ne mérite pas l'ombre de la moquerie, si innocente qu'elle soit de votre part. Vous voyez bien que je sais à peine l'orthographe de tout ce que mon cœur de mère vous écrit. »

*macie, à l'agriculture, aux arts et à l'industrie,* publiée par F.-V. Raspail, seul rédacteur.

Il est touchant de rencontrer dans cette correspondance, et sous la plume de l'exilé, tout
un hymne patriotique et lyrique à la France
conçue et embrassée par un cœur de fils et de
citoyen. Au moyen âge, on disait déjà *la douce
France*; les chevaliers, les braves Roland qui
mouraient loin d'elle, la saluaient ainsi. Les
enfants de la Révolution ont renouvelé et ral-
lumé avec ardeur, avec orgueil, ce culte filial et
cet amour. S'est-il affaibli depuis lors, comme
trop de symptômes l'annoncent? S'est-il al-
téré ou épuisé? Cette France de nos pères,
celle de 89 et de 92, cette France de Manuel,
de Béranger, de Raspail, celle de notre jeunesse, ne serait-elle donc plus la France d'aujourd'hui et de demain? Je n'ose presser l'a-
venir ni forcer les présages; je ne veux pas

regarder au plus ou moins de ressemblance ; je m'en tiens à cette pieuse et enthousiaste invocation par laquelle un fidèle, un croyant saluait à un commencement d'année la patrie absente :

« (Boitsfort, 1er janvier 1856)... Oh! le beau pays que mon pays! terre féconde en miracles, jusque dans les instants de tourmente et d'égarements partiels! Ici l'on passe ; là-bas où vous êtes, on existe, on s'aime, on s'apprécie, on se comprend, on se respecte jusques après la mort. Oh! si la France venait à être retranchée de la carte, l'univers n'aurait plus ni cœur ni tête ; ce petit recoin pense et agit pour tout le monde. Tout se régénère, dès qu'elle comprend qu'il faut changer de robe ; tout tremble sous la calotte du ciel, dès que ce Jupiter fronce le sourcil. Le souvenir seul de son soleil vous réchaufferait jusque sur les glaces du pôle ; on l'adore, bonne mère ou marâtre ; on se ferait vingt fois tuer, dût-elle être ingrate, pourvu qu'elle fût plus belle encore ; — on a vu dans l'histoire des idiots et des scélérats la posséder ; nul n'a jamais pu ni l'humilier ni l'asservir. Chantez, ma muse, cette admirable France, héroïque, spirituelle, bonne et affectueuse, économe et libérale, un peu coquette et essentiellement aimante, un peu narquoise, mais toujours juste et impartiale, grande maîtresse du progrès indéfini qui entraîne dans son tourbillon jusqu'aux Cosaques et aux Hurons ; chantez cette mère, vous sa fille adoptive [1], qui la comprenez si bien ; et permettez-moi de vous appeler *ma muse* puisque mon prosaïque lot ne me donne aucun droit de vous appeler *ma sœur;* et soyez sûre qu'en vous admirant, je vous aime. »

Et maintenant on comprendra que, quand

---

1. M. Raspail supposait que M<sup>me</sup> Valmore était Flamande d'au delà de la frontière, et née en Belgique ; il ne savait pas qu'elle était de Douai.

M^me Valmore disparut, M. Raspail, qui avait continué de vivre en Belgique, à la nouvelle de cette mort, ait écrit cinq jours après au fils de la chère défunte cette lettre pathétique et grave, qui mérite de rester attachée à sa mémoire comme la suprême oraison funèbre :

« Monsieur, j'ai lu et relu, les yeux remplis de larmes, votre pieuse lettre; c'est le dernier adieu que votre illustre mère vous a chargé de me transmettre, vous, le légataire universel de ses souvenirs, de ses affections et de ses grandes qualités. Vous êtes, monsieur, le fils d'un ange. La patrie des lettres et de la poésie n'en produit que bien rarement de tels. Dans ce monde d'intrigues, de dissimulations, de faux amours et de haines mercenaires, où tout se vend, jusqu'au génie, elle a conservé son génie pur de toute atteinte, sa renommée toujours jeune, et son cœur exempt d'occasions de haïr. Ses émules l'ont adorée, ses lecteurs l'ont toujours bénie. Elle a été plus qu'une muse, elle n'a jamais cessé d'être la bonne fée de la poésie, et dans mes nombreux souvenirs de cœur, mon titre le plus doux est d'avoir conservé sa sympathie qui m'a suivi à travers tous mes barreaux. Je l'aurais aimée comme une mère, et à vous en rendre jaloux, si mon âge ne m'avait pas permis de l'aimer comme une sœur. Elle m'a écrit en vers, elle m'a écrit en prose, et toutes ses lettres ont le même charme pour moi. Je crois que madame votre mère était poëte jusque dans le moindre signe, jusque dans le moindre soin. Son dernier silence était un pressentiment qu'elle voulait ne communiquer à personne, tant elle craignait d'être la cause d'une affliction.

» Elle ne vous lègue qu'un nom ; mais que de fortunes voudraient s'échanger contre un pareil titre de noblesse !

» Vous avez été bercé par la poésie, vous avez été élevé par une muse que j'appelais la dixième, la muse de la vertu. Restez, monsieur, le culte vivant de sa mémoire : les lettres ont plus que jamais besoin qu'on leur rappelle souvent de ces beaux souvenirs.

» Agréez, monsieur, et faites agréer à monsieur votre père l'assurance que je sens aussi vivement que vous la perte d'une tête aussi chère, d'une âme aussi aimante et d'un talent bien rare, car il avait son siége dans le cœur.

» F.-V. RASPAIL.

» Stalle-sous-Uccle, 28 juillet 1859. »

Mme Valmore mourut dans la nuit du 22 au 23 juillet 1859. Elle habitait en dernier lieu rue de Rivoli, 73, au coin de la rue Étienne. Elle venait d'avoir soixante-treize ans.

Le 4 août suivant, la ville de Douai accomplissait un devoir douloureux envers son cher poëte, et la population douaisienne remplissait cette église Notre-Dame, toute voisine de la maison de naissance de la défunte, pour assister à la messe solennelle qui était célébrée en sa mémoire avec le concours du corps de musique de la ville et de la Société chorale de Sainte-Cécile. La postérité commençait pour l'humble poëte.

Toutes les voix qui comptent parmi ses contemporains ont été unanimes à la louer comme il faut et à la définir des mêmes traits. Alfred de Vigny disait d'elle qu'elle était « le plus grand esprit féminin de notre temps ». Je me contenterais de l'appeler « l'âme féminine la plus pleine de courage, de tendresse et de miséricorde ». — Béranger lui écrivait : « Une sensibilité exquise distingue vos productions et se révèle dans toutes vos paroles. » — Brizeux l'a appelée : « Belle âme au timbre d'or. » — Victor Hugo, enfin, lui a écrit, et cette fois sans que la parole sous sa plume dépasse en rien l'idée : « Vous êtes la femme même, vous êtes la poésie même. — Vous êtes un talent charmant, le talent de femme le plus pénétrant que je connaisse. »

Et un seul mot en finissant pour ceux et celles qui trouveraient que j'ai parlé bien longuement des douleurs de M^me Valmore, et qui, se reportant à leurs propres peines, seraient tentés de dire : « Et moi donc, suis-je sur des roses? » Je leur répondrai : Toutes les douleurs humaines sont sœurs; à chacun la sienne. Il ne s'agit pas de venir comparer les douleurs; de rapport exact, de mesure commune entre elles, il n'y en a pas : chacun a tout son poids et tout son aiguillon de celle

qu'il porte; elles n'ont point, hélas! à se ja-
louser. Mais le propre de la douleur en
M<sup>me</sup> Valmore et ce qui la différencie des
autres, c'est qu'elle lui laissait la pleine
liberté d'esprit et le mouvement spontané de
cœur vers toutes les douleurs environnantes;
c'est qu'elle n'était jamais assez remplie de
sa douleur à elle, pour ne pas rester ouverte
à toutes celles des autres : « ... Que de chagrins étrangers à nous se mêlent aux nôtres!
écrivait-elle dans l'intimité; tu n'imagines
pas combien je connais de malheureux et
comme cela m'abat. J'ai eu un temps l'espoir
que je souffrais assez pour beaucoup d'autres :
je me trompais bien!... » — « Je ne suis consolée en ce moment par le bonheur de personne, disait-elle encore; le bonheur d'autrui

serait ma force. » — Un proverbe valaque

l'avait frappée : *Donne jusqu'à la mort*. Cette

devise roumaine lui était devenue familière,

et elle, si pauvre, si dénuée, elle se plaisait à

la répéter quelquefois ; elle la pratiqua tou-

jours.

Avril — mai — juin 1869.

FIN

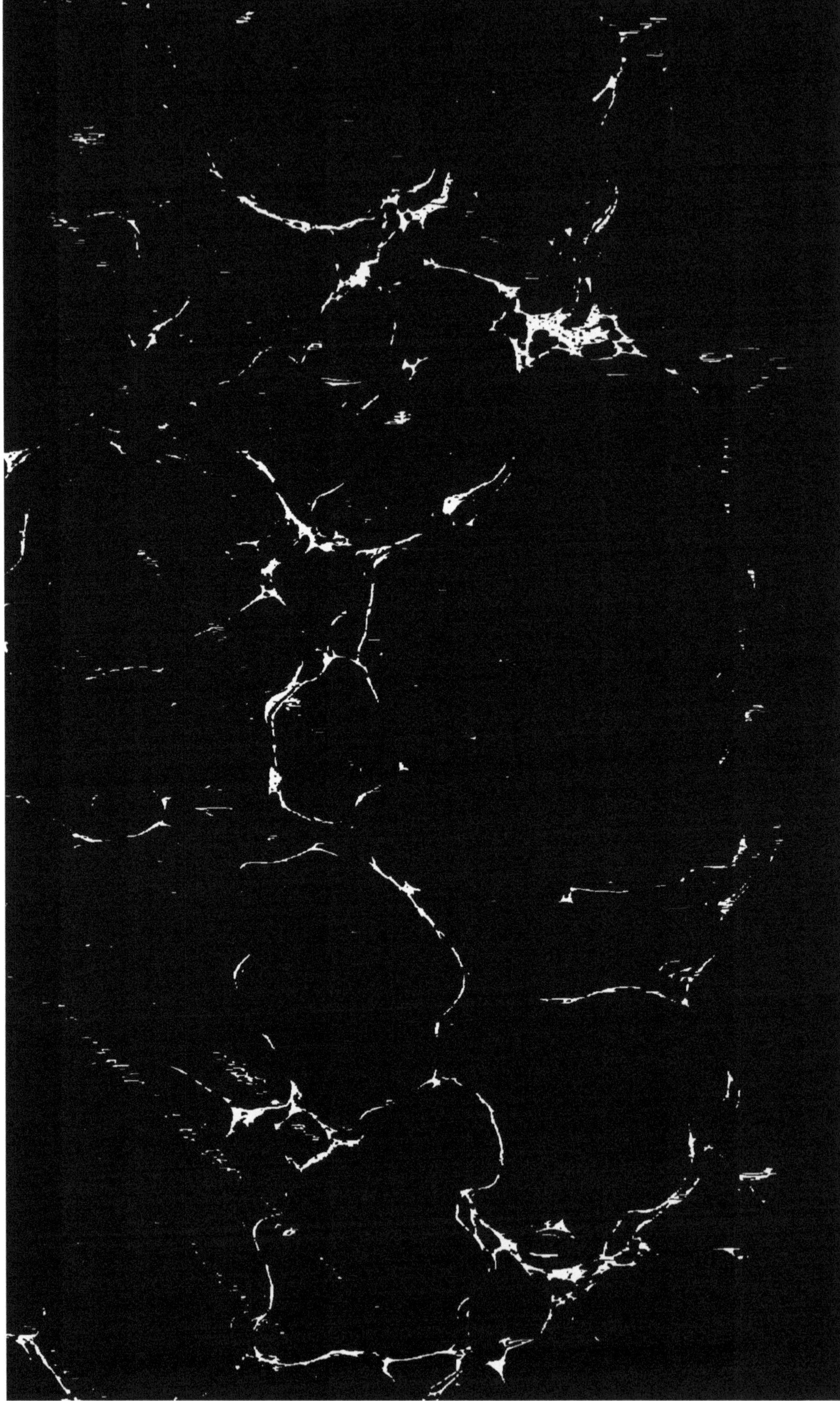

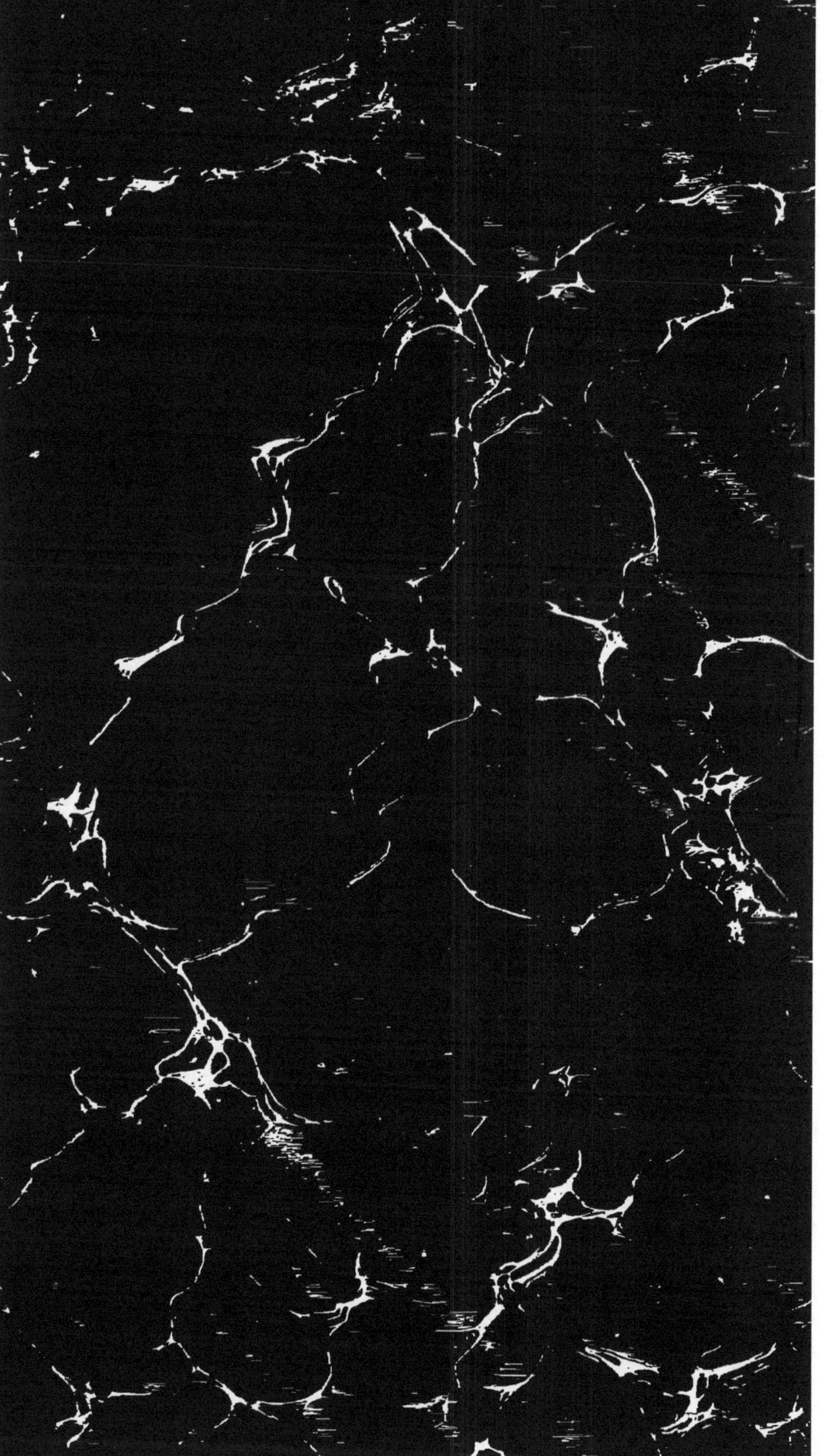

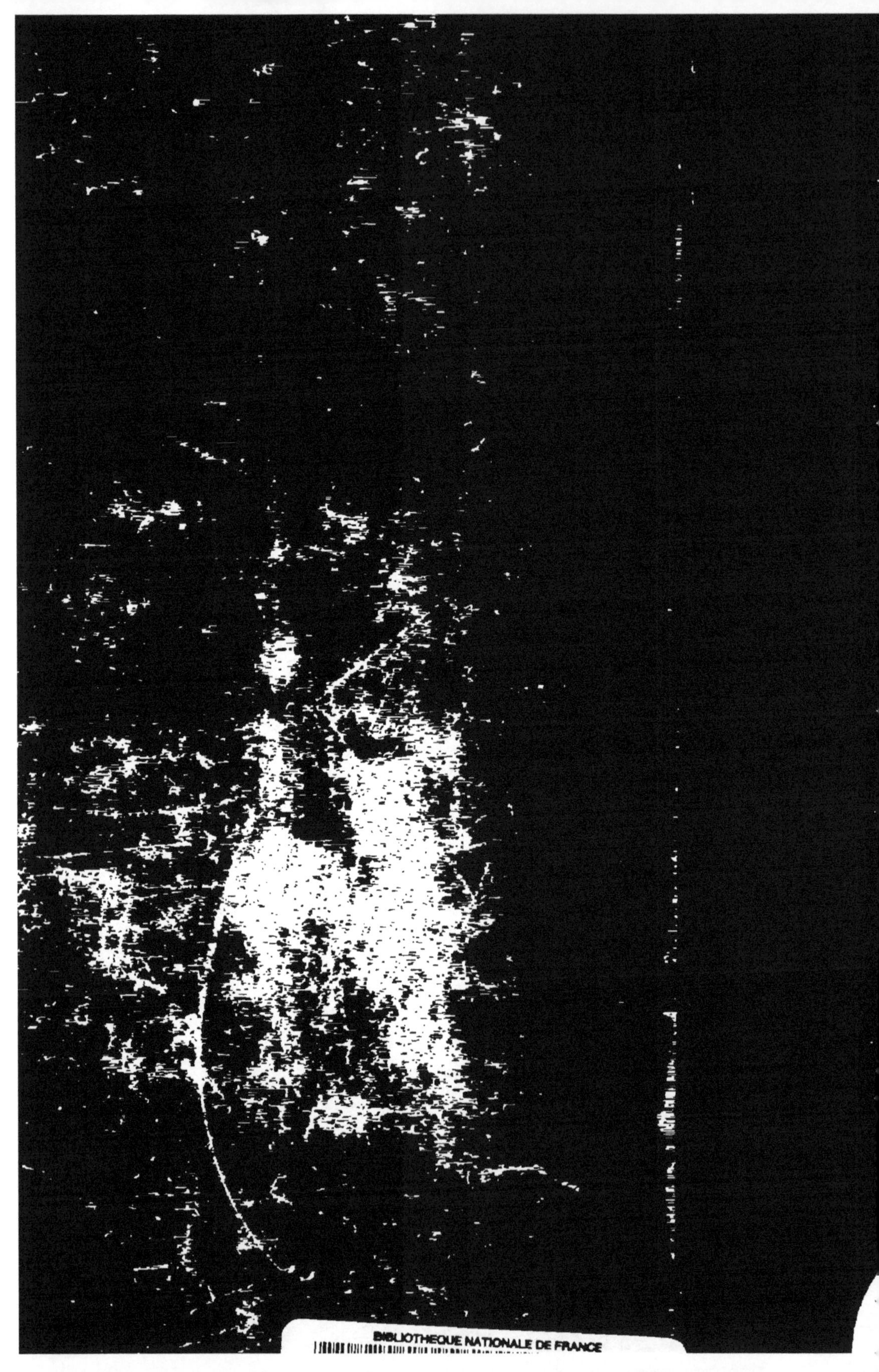

Milton Keynes UK
Ingram Content Group UK Ltd.
UKHW030137120324
439192UK00007B/562